KB270681

프랑스어학 개론

INITIATION À LA
LINGUISTIQUE FRANÇAISE

프랑스어학 개론

정계섭 | 김이정 | 전재연 | 최내경 공저

어문학사

Lettre de recommandation

Hélène Lebrun

agrégée de Lettres classiques

Je me réjouis de la parution de ce nouveau manuel de linguistique française. Il témoigne de la parfaite connaissance de la linguistique des auteurs et aussi de leur grande expérience pédagogique en Corée. Cette dernière me paraît particulièrement importante étant donné les différences fondamentales qui existent entre les langues française et coréenne. Une longue expérience d'enseignant et la mise en commun de ces expériences permettent de rendre plus pertinentes les explications et plus performantes les présentations de l'originalité de la langue française.

Telles me paraissent être les points forts et la qualité de ce manuel. Je félicite leurs auteurs et je souhaite aux étudiants qui vont le pratiquer une étude passionnante de la linguistique française qui sera, je l'espère, une occasion pour eux de découvrir les caractéristiques de la pensée et de la langue françaises tout en prenant une conscience renouvelée de leur propre langue et de sa richesse.

추천사

엘렌 르브렝 Hélène Lebrun
전 서강대 불어불문학과 교수 현 하비에르 국제학교 명예교장

새로운 프랑스어학 교재의 출간을 기쁘게 생각합니다. 이 교재는 저자들이 지닌 언어학적 지식뿐 아니라 한국에서의 오랜 교육 경력의 산물입니다. 저자들의 교육 경력은 프랑스어와 한국어 간의 근본적 차이점들을 볼 때 특히 중요한 요소라고 생각합니다. 오랜 경험을 지닌 교수들이 서로의 경험을 공유하였을 때, 설명력은 더욱 적절해지고, 프랑스어만의 독창성을 더욱 효과적으로 보여줄 수 있는 것입니다.

제가 보기에 이것이 바로 이 교재의 특성이자 강점입니다. 이 책의 저자들에게 축하드리며, 이 책으로 프랑스 언어학을 공부하게 될 학생들에게는 이것이 프랑스어와 프랑스적 사고의 특성을 발견하고 자신들의 언어인 한국어와 한국어의 언어적 풍부함을 새로이 깨닫게 될 기회가 되기를 기원합니다.·

2013년 1월

추천사

윤애선

부산대학교 불어불문학과 교수

언어학 개론은 제가 가르치는 학부 과목 중에 가장 많은 애정을 쏟는 과목입니다. 총기 있는 학생들을 유망한 언어학자로 키워내는 첫걸음이 되기 때문입니다. 하지만 프랑스어문학과 학생들에게 이를 가르치는 사람들에게는 공통적인 고민이 있습니다. 언어학을 대학교에 와서 처음으로 접하는 학생들에게 무슨 내용을 어떤 방식으로 가르칠 것이냐는 것입니다. 어릴 때부터 영어 문법을 달달 외우고, 어려운 용어 투성이인 한국어 문법을 시험 대비용으로 억지로 공부했던 학생들이 자칫하면 언어학과 학교 문법을 혼동할 수 있어 이를 피해, 과학으로서의 언어학의 면모를 잘 알 수 있도록 해야 합니다. 또한, 학생들이 이해할 수 있는 적절한 프랑스어의 예를 들어 설명하고, 충분히 연습할 수 있도록 해야 하기 때문입니다. 이 두 가지 문제를 해결하기 위해, 적절한 교재·다양한 텍스트·멀티미디어 자료를 항상 모으지만, 언제나 부족합니다. 새로운 책을 써보겠다고 마음을 먹었으나, 제 나태함 때문에 아직도 실행에 못 옮기고 있습니다.

그러던 중 정계섭, 김이정, 전재연, 최내경 선생님이 프랑스어학 개론 책을 펴내셨고, 추천사를 부탁하셨습니다. 제가 쓸 자격이 되는지 망설였지만, 원고를 읽고 나서 좋은 교재를 널리 알리는 것도 학계에 이바지하는 바라고 생각했습니다. 학생들이 인간의 언어라는 커다란 코끼리를 잘 파악할 수 있도록, 이 책은 소리(음성학, 음운론)·형태(형태론)·어휘(어휘론)·문장 규칙(통사론)·의미(의미론, 화용론)이라는 언어학의 기본 골격을 다양한 측면에서 친절하게 설명하고, 응용 분야로 사회언어학을 상세히 소개하고 있습니다. 무엇보다도 이 책의 최대 장점은 저자들이 각자의 전공 영역을 잘 살려, 일반 언어학의 중요 이론뿐만 아니라 프랑스 언어학자의 이론을 간명하게 소개하고, 세부 설명에 적합한 프랑스어 예문을 들며, 다양한 층위의 연습문제를 통해 다시 한번 학생들의 이해도를 높이도록 설계한 점입니다. 다만 지면에 쫓겨 축약하여 설명된 부분은 가르치는 사람이 보완할 몫으로 남겨져 있습니다.

모든 연구자가 느끼는 바이듯, 자신의 전문 영역에 대한 글은 쓸수록 수월해지지만, 개론서나 일반인을 대상으로 하는 책에 전문적인 지식을 담아내는 것은 더욱더 어렵게 느껴집니다. 이렇게 어려운 일을 시도하여 결과를 내신 네 분 저자에게 박수를 보내며, 가르치는 사람들과 학계의 의견을 수렴한 개정본을 통해 독보적인 프랑스어학 개론서로 사용되기를 바랍니다.

2013년 1월

금정산 기슭에서

머리말

인간의 생존에 필수적임에도 불구하고 그 고마움을 평소에 느끼지 못하는 것이 있으니, 그것은 바로 물과 공기이다. 마찬가지로 인류는 언어의 중요성을 간과해왔다. 20세기에 이르러서야 비로소 자연언어와 인간의 사고 그리고 논리가 불가분의 관계에 있다는 사실을 인식하면서부터, 언어학은 정신분석학과 더불어 이 세기의 두 가지 인식론적 혁명으로 꼽히게 되었다.

개별언어는 명사의 한정(détermination)이나 동사의 활용(conjugaison) 내지 시간과 공간 등을 조직하는 방식에서 고유한 해결책을 가지고 있다. 이 책은 프랑스 언어학을 취급하는데, 그 목표를 문법규칙의 나열보다는 이 언어가 작동하는 기제를 탐구하는 데에 두고 있다.

자연언어는 그 언어를 사용하는 공동체 구성원들의 세계관을 담고 있기 때문에, 언어의 연구는 인간에 대한 연구와 다름 없다고 우리는 믿고 있다. 다시 말해서 언어학은 인간학이다. 학생들은 프랑스어의 작동방식을 연구함으로써 부지불식간에 파스칼이나 데카르트, 루소나 볼테르, 디드로나 달랑베르, 라그랑주나 뿌엥까레, 베르그송이나 바슐라르의 사고방식에 접근하게 되는 것이다. 그래서 프랑스어학이 중요하다.

이 책은 언어학에 처음 입문하는 학생들의 입장에서 프랑스어학의 제 분야를 기본 개념과 관련 언어학자들 위주로 소개하되, 핵심적 내용을 정확하고 통일된 용어로 소개하는 데에 중점을 두었다. 제1장은 언어학자 소쉬르(Ferdinand de Saussure)가 창시한 구조주의 언어학에서 비롯된 중요한 언어학 용어들과 소쉬르를 계승한 학자 야콥슨(Roman Jakobson)이 제시한 언어의 의사소통 기능에 대한 소개이다. 구조주의 언어학에서는 언어를 기호들로 이루어진 하나의 조직적 체계로 보고 있는데, 이 장에서는 언어기호를 비롯하여 그와 관련된 여러 개념들을 상세히 소개한다. 제2장과 제3장에서는 프랑스어의 소리 및 소리의 체계에 관한 이론을 각각 음성학과 음운론으로 나누어 다루고 있다. 형태론을 다루는 제4장에서는 프랑스어 단어를 구성하는 단위인 형태소의 개념을 기본으로 하여 단어가 어떠한 원리를 통해 형성되는지를 알아보고, 단어 형성에서 기본이 되는 파생, 굴절, 합성에 대하여 설명하고 있다. 본 교재는 현대 언어학에서 어휘의 문제와 처리 방식이 중요하게 부각되는 점을 감안하여, 어휘론을 제5장에서 독립적으로 다루고 있다. 제6장은 프랑스어의 문장구조에 관한 통사론으로, 문장의 구조가 다루어진 방식을 전통문법의 관점에서 시작하여 어휘문법과 변형생성문법에 이르기까지 현대 언어학적 관점에서 살펴보고 있다. 프랑스어의 의미와 관련된 문제는 제7장과 제8장에 의미론과 화용론으로 소개되었다. 소리의 측면에 대한 연구가 제1장과 제2장에서 소리의 단위 음소(phonème)의 개념을 통해 설명 되었다면, 의미론 단원에서는 단어와 문장 차원에서 의미의 문제를 검토하고, 화용론에서는 단순히 문장의 의미 차원을 넘어서서 발화자들의 의도를 파악하는 것이 중요하게 다루어진다. 마지막으로 제9장에 소개된 사회언어학은 언어학의 한 분야인 동시에 사회학에서도 활발히 연구되는 분야인 관계로, 프랑스어학에서 자주 다루어지지는 않는 분야의 언어학이라고 할 수 있다. 다른 순수언어학 분야와 비교하여 대상으로 삼는 분야가 상이하고 매우 광범위하기 때문에 본 교재에 포함시키기까지 많은 고민의 과정을 거쳤다. 이 외에도 여러 곳에서 교재의 완성도를 높이기 위한 흔적이 눈 밝은 독자의 눈에 띄었으면 한다. 이처럼 이 책은 프랑스어를 중심으로 언어 이론이 다루는 언어의 다양한 측면을 살펴보고, 학생들이 자연스럽게 언어의 여러 측면에 대해 관심을 가질 수 있도록 유도하고 있다. 원래 각 장의 책임 집필자가 있었으나 토의를 거듭하는 과정에서 각자의 기여를 구분하기가 모호하게 되었다. 그래서 이 책은 공동 집필의 산물이라고 보아야 할 것이다. 만일 오류가 있다면 그것 역시 공동 책임이다.

프랑스 문학사와 더불어 프랑스어학 개론은 프랑스어문학과의 핵심 커리큘럼이다. 그런데 마땅한 교재를 선정하기가 매번 쉽지 않은 현실에서 우리는 이 책을 내기로 뜻을 모았다. 저간에 몇몇 저서가 나오기는 했으나 연습문제의 부재로 인한 문제점이 있었던 것을 본서가 보완하였다. 관련 학계의 애정 어린 질책과 편달을 기대한다.

2013년 1월

차례

제1장 : 언어와 언어학

제2장 : 음성학 (La phonétique) – 프랑스어의 소리

제1장

언어와 언어학

첫 장에서는 가장 근원적인 질문,
즉 언어가 무엇인가에 대한 질문으로 시작해 본다.

01

언어란 무엇인가? 언어학은 무엇인가?

첫 장에서는 가장 근원적인 질문, 즉 언어가 무엇인가에 대한 질문으로 시작해 본다. 언어는 인간이 가진 능력이며, 인간이 최소한의 비용으로 언어외적 세계에 대해 말할 수 있는 가능성을 제공해 주는 도구이다. 언어가 없는 일상은 상상할 수조차 없는 세상일 것임은 자명한 일이다. 언어는 모든 사회 제도와 규약, 아니 생활 자체를 수행하도록 하기 때문이다. 또한 언어는 모든 학습의 전제조건인 동시에 한 세대에서 이루어진 지식의 축적이 다음 세대로 전수되기 위한 전제조건이기도 하다.

본질적인 측면에서 언어는 소리와 의미가 결합된 체계로, 다양한 측면에서 접근할 수 있다. 이러한 언어를 연구하는 학문이 곧 언어학이다. 그렇다면 언어학이란 무엇인가? 언어에 관련된 연구는 무엇이든 언어학의 영역에 포함된다고 볼 수 있다. 그렇다면 언어학의 연구 대상은 구체적으로 어떤 것일까? 언어 연구는 고대 플라톤(Platon)과 아리스토텔레스(Aristote)의 시기로 거슬러 올라가지만 과학의 한 분야로서의 언어학 연구가 본격적으로 시작된 것은 19세기에 와서이다. 현대에 생겨난 언어 연구로는 외국어 교육이나 사람 혹은 기계에 의한 번역 등과 같은 응용언어학도 있다. 언어의 기원을 다루는 언어 유형학, 언어 발생론, 언어 친족론, 어린이가 모국어를 습득하는 과정과 그 과정에서 개입하는 여러 가지 상황을 연구하는 분야들도 있다. 이 모든 분야들은 언어학 외에도 논리학, 심리학, 철학, 사회학, 생리학, 일반 자연과학 등의 인접학문분야들과 협력하여 더욱 발전적으로 이루어질 수 있다. 언어학은 이처럼 언어의 여러 측면을 다루는 학문이다.

02

프랑스 언어학의 기본 개념들

근대 프랑스 언어학은 스위스의 언어학자 소쉬르[1](Ferdinand de Saussure, 1857-1913)에서 비롯되었다. 그는 언어를 기호로 이루어진 하나의 체계(système), 즉 구조로 보았고 이렇게 하여 구조주의 언어학이 등장하게 되었다. 언어학의 여러 분야들을 살펴보기 전에 구조주의 언어학에서 다루어지는 기본적인 개념들에 대해 먼저 알아보도록 한다.

2.1. 기호(signe)

기호 그리고 그와 관련된 개념들은 다음과 같이 구분된다.

---

[1] 소쉬르(Ferdinand de Saussure), 스위스의 언어학자. 근대 구조주의 언어학의 창시자. 1906년부터 1910년까지 그가 스위스 제네바 대학교에서 강의한 내용을 제자들이 1916년 〈일반언어학강의(Cours de linguistique générale)〉로 출간하였다.

① **기호**(signe) : 일반적인 의미에서 기호는 그것을 가지고 무엇을 대신할 때 사용되는 것이다. 언어 역시 기호에 속하며 언어 기호를 과학적으로 연구하는 학문이 언어학이다. 기호에는 언어 기호 외에도 비언어기호가 있는데 가령, 십자가는 교회가 있는 곳을 표시하고, 시각장애인용 지팡이는 소지자가 앞을 보지 못한다는 것을 나타낸다. 기호에는 의사소통의 의도가 존재한다. 요컨대 기호는 의사소통의 의도를 가지고, 어떤 대상을 가리키는 언어적 혹은 비언어적 체계이며, 대상과의 유사성이 없는 약속의 체계이다.

② **지표**(indice)[2] : 지표는 원래 방향을 가리키는 화살표(→)나 어떤 대상을 가리키는 손가락을 의미한다. 지표는 자연 지표와 인공 지표로 나뉘는데, 불이 났음을 예측하게 하는 연기, 곧 비가 올 것임을 알 수 있게 하는 먹구름 낀 하늘 등은 모두 자연 지표이다. 또한, 수심이 깊은 물가에 붉은색 깃발이 있다면 그것은 '수영이 금지된 곳'임을 나타내는 인공 지표이다. 지표는 이처럼 새로운 사실을 예측할 수 있게 해 주는 즉각적으로 지각되는 사실이다.

③ **상징**(symbole) : 질적으로 다른 범주에 속하는 사물이 유추(analogie)에 의해 어떤 대상이나 개념을 표상하는 관계를 말한다. 신호등의 색깔처럼 주어진 문화권 내에서만 통용 되므로 문

2_정계섭(2012), pp. 31-32.

화권에 따라 다를 수 있고 반드시 학습해야 한다.

2.1.1. 퍼스(Peirce)의 기호이론

퍼스(Charles Sanders Peirce, 1839-1914)는 미국의 철학자이자 기호
학의 창시자이다. 퍼스는 사고와 기호를 동일시하여, "언어가 곧 사고"
라고 주장한다. 그는 기호가 사고의 표현이라는 전통적인 언어관을 뒤
집고, 우리가 기호 안에 있다는 가설을 내세운다. 퍼스는 기호를 다음
과 같이 3원적인 존재로 규정한다. 이것이 퍼스의 3항 구조 모델이다.

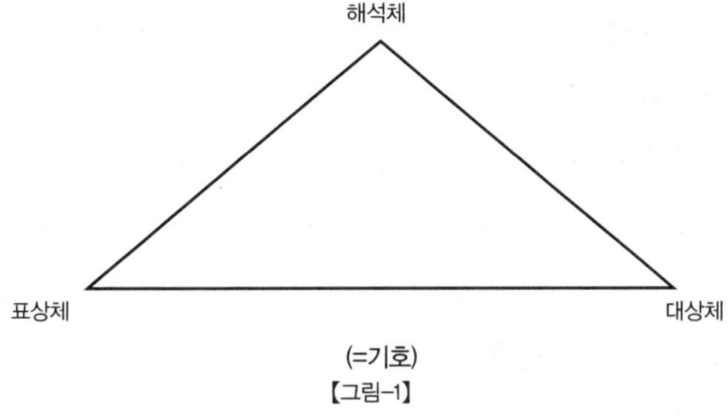

【그림-1】

예를 들어 욕실 수도꼭지에 표시된 붉은 글씨의 'H'자는 하나의 기
호이다. 이 기호는 수도꼭지에서 더운 물이 나올 것이라는 정신적 인
식(해석체)과 더운 물이라는 대상체를 연결시킨다.

소쉬르가 기호에 의한 의미작용은 대상(지시체)과 무관하게 이루어
진다고 보았던 반면, 퍼스는 기호가 여전히 지시대상과 일정 관계를
유지하고 있다고 믿었다. 소쉬르의 기호이론이 발신자 중심이라면 퍼

스의 이론은 의미 해석에 비중을 두고 있으므로 수신자 중심이라고 할 수 있다.

기호는 대상체를 대표하는 역할을 하고 해석체를 연상시킨다. 다시 말해서 어떤 대상을 대표하고 해석체를 앞세운다. 이 두 기능이 곧 기호의 기능인 것이다. 예를 들어 '별'이라는 말을 들으면 별을 볼 수 없는 한낮에도 그것의 의미와 추상적인 대상을 떠올릴 수 있다.

퍼스는 지시대상과의 관계를 기준으로 기호를 도상기호, 지표기호, 상징기호로 분류한다.

① **도상기호**(icone) : 실제 지시대상과 닮은 기호를 말한다. 아파트 설계 도면은 아파트 자체는 아니지만 아파트의 구조를 나타내고, 컴퓨터 화면에 프린터 형상의 아이콘이 인쇄를 할 수 있는 프린터는 아니지만 인쇄 명령을 실행시키는데 사용된다.

② **지표기호**(indice) : 도상기호가 대상과의 유사성을 근거로 하고 있는 반면, 지표기호는 지시대상과의 관계가 공간, 시간적인 인접성 혹은 인과성을 바탕으로 이루어진 기호이다. 하늘에 있는 먹구름은 곧 비가 올 것임을 예측할 수 있게 해 주는 지표이며, 산에서 피어오르는 연기는 불이 났음을 알려주는 지표이다. 먹구름과 연기 같은 물리적 현상은 자연 지표에 속한다. 온도계는 대표적인 인공 지표로서, 온도가 올라가면 눈금이 올라가는 인과관계에 근거하고 있다.

③ **상징기호**(symbole) : 상징은 표상체와 대상체 사이에 연관성이나 유사성이 없이 자의적으로 만들어진 기호이다. 따라서 상징은 그것이 속한 문화권에서만 이해되는 것이므로 그것을 이해

하기 위해서는 학습해야 한다는 특성이 있다. 태극기는 대한민국을 상징하는 기호이고, 신호등은 빨간불에서 정지, 노란불에서 주의, 초록불에서 진행을 의미하는 상징 기호이다. 이것은 일종의 약속이며 협약인데, 이러한 관습성 혹은 협약성이 상징기호의 특징이고 언어기호가 그 대표적 예이다.

2.1.2. 소쉬르의 기호이론

소쉬르의 이론에 따르면 언어기호는 다음과 같은, 비언어적 기호에는 없는 고유의 특징들을 지닌다.

① **기호의 양면성** – 소쉬르의 기호이론에서 언어기호는 음성적 표현(expression phonique, image acoustique)인 기표(시니피앙, signifiant (Sa))와 의미적 내용(contenu sémantique) 혹은 개념(concept)인 기의(시니피에, signifié, (Sé))로 나뉜다. 소쉬르 이론에서 기표와 기의의 관계는 퍼스 이론에서 표상체와 해석체 사이의 관계와 비슷하다고 볼 수 있다.

② **자의성과 필연성** – 기표와 기의 사이의 관계는 자의적(arbitraire)이면서 동시에 필연적(nécessaire)이다. 어떤 생각을 표현하기 위한 기표를 선택하는 것은 자유롭게 이루어지기 때문에 자의적이지만, 주어진 언어를 사용하는 집단 내에서 약속을 전제로 하기 때문에 필연적이다. 즉, 언어 기호는 약속의 체계이며 이것은 언어 집단에 의해서 반드시 지켜져야 한다.

③ **선조성**(linéarité) – 언어기호는 시간적 순서의 제약을 받아서 청각

적인 측면에서 시간의 선상에서만 실현되며, 그 구성요소는 하나의 연쇄를 이룬다. 다시 말해서 주어진 한 순간에 동시에 두 개의 기호를 말할 수는 없다. 문자기호로 옮겨도, 공간적인 선상에서 시간적으로 나타난다. 시각적인 기호가 평면이라는 차원에서 여러 가지 기호의 요소가 동시다발적으로 나타날 수 있는 경우와 비교하면 언어기호와 비언어기호의 차이는 명확해진다.

④ **불연속성** – 언어기호는 불연속적(discontinu) 속성을 지니는 이산적, 대립적 단위이다. 예를 들어 pierre /pjɛR/와 bière /bjɛR/에서 /p/와 /b/가 가져오는 의미의 차이는 서로 간 대립관계(유성/무성의 대립)에 의해 결정된다.

2.2. 언어 능력(langage), 랑그, 파롤

프랑스 언어학의 기본 개념들 가운데서 항상 함께 다루어지나 구분되어야 하는 세 가지 개념이 있다. 이것은 소쉬르에 의한 언어에 대한 방법론적 분류이다. 우선, 언어 능력(langage)은 인간의 생득적 능력(faculté)으로서의 언어를 가리킨다. 랑그(기호체계, langue)는 어떤 언어 공동체에서 사용되는 약속의 체계(code)로서의 언어를 말하며, 파롤 (언어행위, parole)은 이 약속 체계로서의 언어가 구체적으로 사용되고 개별적으로 발화된 것을 말한다. 언어학의 목표는 인간이 지니고 있는 언어구사능력이 어떠한 형태의 기호체계로 존재하며, 그 체계가 어떠한 개별적 사용 행태를 통해 드러나는가를 관찰하는 것이다.

2.3. 형식(forme)과 실체(substance)

어떤 곡이 여러 음악가들에 의해 연주되어도 같은 곡으로 인정되는 것과 같이, 서로 다른 두 화자에 의해 생성된 발화는 형식은 동일하나 실체가 다른 것으로 여겨진다. 기표의 측면에서 볼 때 형식은 발화를 구성하는 소리, 즉 음소이고, 실체는 발화자 개개인의 목소리로 생각할 수 있다.

2.4. 이중분절(La double articulation)

마르티네(André Martinet, 1908-1999)는 인간의 언어와 동물의 언어를 구별해 주는 특성은 이중분절에 있다고 규정하였다. 그는 언어를 "이중으로 분절된 의사소통의 도구"로 정의한다. 마르티네에 따르면 이중분절은 경험을 소리와 의미로 나누는 것으로서 모든 발화체(énoncé)는 두 가지 층위에서 분절되는 특징을 지니고 있다. 1차 분절은 발화체를 최소 의미 단위인 기호소(monème) 또는 형태소(morphème)로 나누는 것인데 이 최소의 의미 단위는 형태(기표)와 의미(기의)를 모두 갖춘 계열체적 단위를 말한다. J'ai mal à la tête 라는 발화체는 J'-ai-mal-à-la-tête와 같이 6개의 형태소로 나뉜다(1차 분절). 2차 분절은 이 형태소들을 다시, 의미는 없지만 의미 변화에 기여하는 최소 단위인 음소(phonème)로 나누는 것이다. 음소는 기표의 구성요소로서 음성적 형태는 갖추고 있지만 의미는 지니고 있지 않은 단위로, 오로지 해당 형태소를 다른 형태소와 구별해주는 기능만을 가진다. 따라서 J'ai mal à la tête는 /ʒemalalatɛt/처럼 7가지의 변별적 소리 단위로 나뉜다(2차 분절). 음소는 최소 변별적 단위(unité distinctive minimale)라고도 불리는데, 인간 언어에서의 음소는 불연속성([-continu])의 특징을 지닌다. 이에 비하면 동물의 언어는 연속적인 일종의 신호체계이며, 인간 언어의 불연속성은 인간 언어가 지닌 생산성(productivité)을 설명해 주는 특성이다.

이중분절은 창조적인 측면에서 인간의 자연언어가 지닌 보편적 특성이다. 즉, 우리는 유한한 수의 음소들을 가지고서 무수히 많은 단어를 만들어내고 결과적으로 무한히 많은 발화체를 생성해 낼 수 있다. [3] 마르티네는 이중분절의 경제성에 대해 "의사소통 및 정보 전달의 유용한 수단"이라고 평가하였다.

2.5. 공시태(synchronie)와 통시태(diachronie)

소쉬르는 인간이 언어를 사용하는 능력을 랑그와 파롤로 구분하는 한편, 언어 사실을 연구하는 두 가지 시각을 공시태와 통시태로 구분

3_유한수의 음소를 가지고 만들 수 있는 단어는 발화체와는 달리 그 수가 아무리 많아도 유한 집합이다.

하고 공시태에 대한 기술의 중요성을 강조하였다. 공시태는 일정 시기에 하나의 '체계'를 이루는 것으로 간주되는 언어사실의 총체를 가리키고, 통시태는 언어가 시간에 따라 변화하는 과정을 기술하는 것을 말한다. 소쉬르 이전의 언어학은 언어가 시간의 흐름에 따라 어떤 변화를 거치는지에 관심을 두는 역사 언어학, 즉 통시적 연구가 주류를 이루었다. 그러나 소쉬르 이후의 언어학에서는 공시적 연구가 중심이 되었다.

　이러한 공시태와 통시태의 구별은 단지 방법론적인 관점이고, 근대 언어학에서 공시태를 중요시한 것은 역사적 산물로서의 언어가 아니라 하나의 체계로서의 언어에 대한 연구를 시도하기 위한 것이었다.

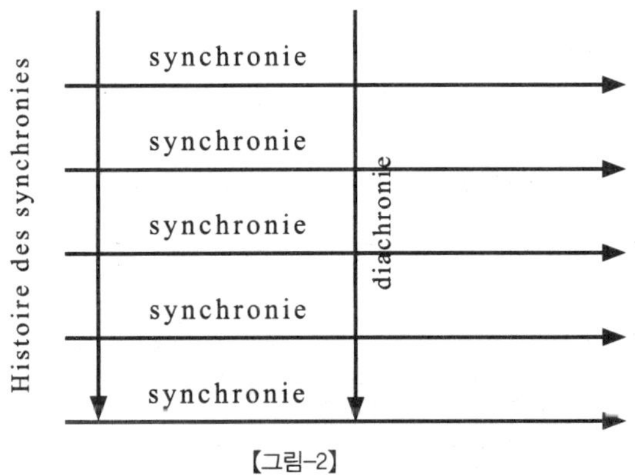

【그림-2】

* 자료 : Leçon du 7 décembre 1945, série C, Leçons de linguistique de Gustave Guillaume, 1945-1946, série C, Grammaire particulière du français et grammaire générale I, publiées sous la direction de R. Valin, W. Hirtle et A. Joly, Québec, Presses de l'Université Laval, et Lille, Presses Universitaires de Lille, 1985, pp. 17-25.
http://nlip.pcu.ac.kr/gustave/result1.asp?filenames=45C1207&wpage=LL06_017_017에서 검색.

2.6. 기술적 언어연구(travaux descriptifs)와 규범적 언어연구(travaux prescriptifs)

언어연구는 그것이 공시적이든 통시적이든 기술적(descriptif)이어서 언어학에서는 어떤 용법을 하나의 사실로서 기록한다. 반면에 문법연구는 규범적(prescriptif)이어서, 어떤 용법을 제시하고 강요하는 경향이 있다.

2.7. 결합관계(rapport syntagmatique)와 계열관계(rapport paradigmatique)

모든 발화체에서는 언제나 결합관계와 계열관계가 함께 관여한다. 한 문장 내에서 언어기호는 앞뒤에 놓인 다른 기호와 연합적(associatif) 관계에 놓여있게 되는데 이러한 관계를 결합관계라고 하고 이러한 기호의 연쇄를 결합체(syntagme)라고 한다. 이것은 모든 발화체 내에서 직접 확인할 수 있는 선조성의 선상에 놓이게 되는 요소들 사이의 관계이다.

또 한편으로 언어기호는 문장 내에서 동일한 계열에 속하는 다른 기호들과의 대립관계에 놓인다. 이것은 일종의 잠재적 관계로서 해당 언어기호가 같은 계열의 다른 언어기호들과 맺는 유사성 혹은 상이성에 의한 대립관계를 구성한다. 다시 말하면 이것은 문장 내에는 실제로 나타나지 않지만 같은 계열에 속한 요소들과 어떤 언어 요소가 맺는 관계로서 계열관계라고 하며, 이처럼 계열관계에 놓이게 되는 여러 요소들을 계열체(paradigme)라고 한다. 계열관계에 속하는 여러 요소

들 가운데 하나가 선택되고 이러한 요소들이 나열되어 결합관계를 형
성하는 것이다.

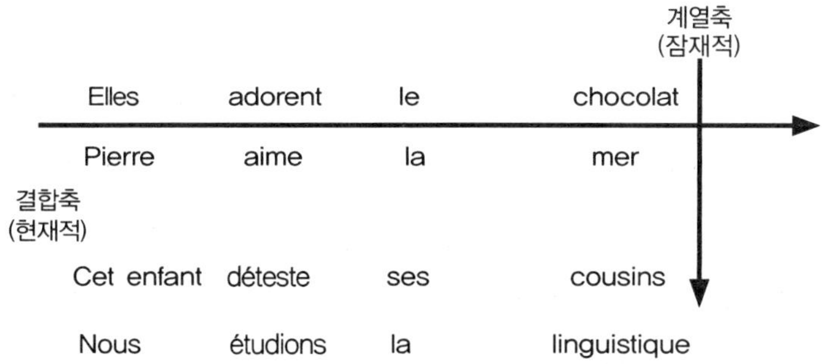

위의 도식에서 볼 수 있듯이 결합관계에 있는 요소들은 좌우 선상
에 배열되어 있고, 계열관계를 이루는 요소들 중에서 하나가 선택되면
나머지 요소들은 배제되고 결국 통사적·의미적 규칙에 의거하여 올
바른 문장이 이루어지게 된다. 예를 들어 문장의 주어 위치에 올 수 있
는 계열체들 가운데서 Nous라는 대명사가 선택되고, 동사 위치에 올
수 있는 요소들 가운데서 étudier가 선택되고, 이 동사의 목적어로 올
수 있는 요소들 중 한정사와 명사가 선택되고 나면 나머지 후보들은
선택에서 탈락되면서 'Nous étudions la linguistique.'라는 문장이 만
들어지는 것이다.

2.8. 언어가치(valeur linguistique)

체스나 장기에서 어떤 말이 가지는 가치는 무엇일까? 그 말이 의미(가령 앞으로 한 칸 진행하기, 혹은 앞으로 한 칸 가고 다시 대각선으로 한 칸 가기)를 가지는 것은 전체 놀이를 구성하는 다른 말들과 비교했을 때 가능하다. 다시 말해서 하나의 말은 체스 혹은 장기라고 하는 전체 체계가 전제되어야 가치를 가지는 것이다. 언어가치도 이와 마찬가지이다. 언어 단위의 가치는 그것이 언어 체계 속에서 차지하는 상대적 위치에 의해서 규정된다. 소쉬르는 언어를 하나의 체계로 보며 이 체계는 '차이의 체계'이다. 하나의 언어 기호는 그 자체로는 무의미하고 다른 기호들과의 차이에 의해서만 규정된다는 것이다. 즉, 한 요소의 의미는 부정형(négation)에 의해서 정의되어, A라는 요소의 정의는 'A가 아닌 것'이 된다는 것이다. 이처럼 소쉬르 주의에서 언어가치는 언어 체계 내에서 다른 요소들과의 대립에 의해서 얻어지는 상대적 가치이다.

언어기호가 세계를 분절하는 방식은 언어마다 다르다. 예를 들어, 영어에서 양고기를 가리키는 mutton과 살아있는 동물을 가리키는 sheep은, 프랑스어에서는 mouton 한 가지로만 나타내어진다. 영어에서 mutton의 의미는 실제 경험세계와의 관계에서뿐만 아니라 그것이 sheep과 맺고 있는 관계에 의해서도 정해진다. 여기서 mutton의 의미는 영어라는 한 언어 내에서 sheep의 존재에 의해 가치를 지니게 되고, sheep 역시 체계 내에서 mutton에 의해서 가치를 지니게 되는 것이다. 이것은 연속적이고 비분절적인 언어 외적 경험세계를 분절적인 언어기호로 재단하는 데서 발생하는 문제이다. 개별 언어에서는 이처럼 각 단어가 자의적으로 선택된 이후 협약에 의해 사용되고 있음을 알 수 있다. 이것이 의미하는 바는 각 언어마다 세계를 재단하는 방식을 자의적으로 선택한다는 것이며 이는 소쉬르 주의에서 시니피앙과 시니피에 간의 자의적 관계에 대한 근원이라고 할 수 있다.

유럽 구조주의 언어학의 시초는 소쉬르 사후에 출간된 〈일반언어학강의 Cours de Linguistique Générale〉(1916) 이후라고 볼 수 있다. 소쉬르의 언어학은 위에서 살펴본 랑그와 파롤, 그리고 형식과 실체같이 이항적 용어의 대립으로 집약될 수 있다. 20세기 구조주의 언어학의 주요학파에는 트루베츠코이(Nikolai Trubetzkoy, 1890-1938)와 야콥슨(Roman Jakobson, 1896-1982)으로 대표되는 프라하(Prague)학파, 옐름슬레우(Louis Hjelmslev, 1899-1965)가 소속된 코펜하겐(Conpenhague)학파, 그리고 퍼스(Charles Sanders Peirce)의 런던학파가 있다.

03

야콥슨의 의사소통 이론

언어는 의사소통의 도구라고 할 수 있다. 하지만 이것은 엄밀히 말해서 인간언어의 기능에만 속하는 것은 아니다. 인간의 자연언어가 사용하는 의사소통 체계와 그 외의 의사소통 체계의 차이가 무엇인지를 밝히는 것이 중요하다. 언어의 특수성은 의사소통의 기능 자체에 있는 것이 아니다. 언어 말고 다른 의사소통의 수단들도 모두 이러한 기능을 가지고 있기 때문이다. 예를 들면, 도로 표지판, 국제 해양 신호 체계, 지도, 복잡한 부호체계 등등은 언어가 아니지만 의사소통의 기능을 한다고 볼 수 있다. 뿐만 아니라, 어떤 사람이 전하는 메시지는 언어적인 내용 자체 외에도 그 메시지의 발화자 자체에 관한 정보를 청자에게 전달하는 경우가 있다. 물론 발화자가 의도한 것은 아니라고 해도 말이다. 메시지를 전하는 발화자의 음성을 통해서 그의 나이와 성별, 체격, 건강상태, 출신지, 사회적 계층, 말하는 순간의 감정 같은 것들을 청자는 파악할 수 있게 된다. 메시지를 전하면서 웃거나 어떤 표정, 손짓을 하는 것은 발화자의 메시지 내용에 대한 태도를 직접적으로 전달한다. 이러한 지표(indice)들을 의식적으로, 그리고 체계적으로 사용하는 것은 언어 외적인 의사소통 체계에 속하는 것이다. 웃거나 미소 짓는 행위는 친절함, 예의 그리고 사회적 관계를 표시하는 것이고, 또 한편으로는 공연 예술에서 일반적으로 행해지는 행동을 표시하기도 한다.

20세기에는 언어학 이론과 의사소통 이론이 함께 발전을 이루었다. 발신자(destinateur), 수신자(destinataire), 그리고 전언, 즉 메시지(message)라는 매우 단순한 구성 요소로 이루어진 의사소통의 일반적인 도식을 바탕으로 하여 다음과 같은 의사소통의 모델이 제시되었다. 의사소통에서는 전달되는 내용의 배경, 즉 상황(contexte)을 고려하여야 하고, 전언은 코드(code), 즉 신호의 총체와 코드화된 이 신호들이 전달되는 매개체인 통로(canal) 형식의 접촉(contact)을 통해 제시되어야 한다. 의사소통의 최종 목표는 의사전달이다.

로만 야콥슨같은 언어학자들은 의사소통행위에 필요한 요소를 여섯 가지로 구분하고 다음과 같이 모형화 하였다. 이 모형을 구성하고 있는 발신자, 수신자, 상황, 메시지, 코드, 접촉(혹은 통로)은 의사소통행위 시에 반드시 발생하는 요소들이다.

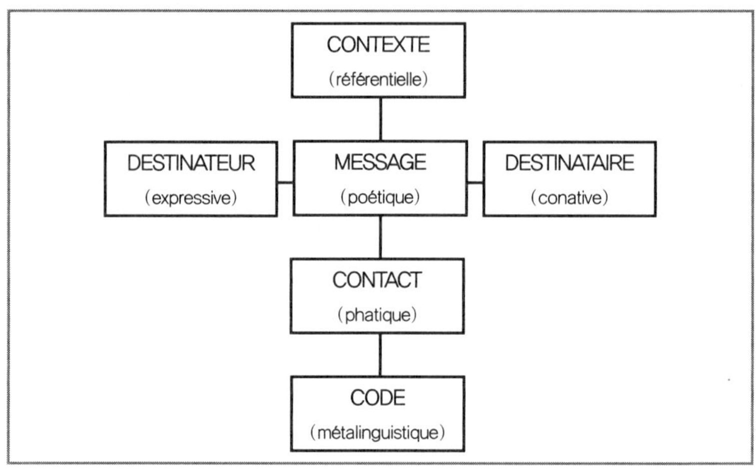

【그림-3】

* 자료 : http://fr.wikipedia.org/wiki/Sch%c3%a9ma_de_Jakobson에서 검색.

이 여섯 가지 요소들 각각은 언어가 담당하는 기능들 중 한 가지씩을 수행한다. 우선, 발신자가 수행하는 기능으로 표현적 기능(fonction expressive)을 들 수 있다. 이 요소의 기능은 발신자의 감정, 태도, 지위, 계급을 표현하는 기능이다. 이것은 메시지를 개인적인 차원으로 만든다. 따라서 뉴스와 같은 메시지에서는 가급적 배제하는 기능이기도 하다. 두 번째로 권유적 기능(fonction conative)[4]은 수신자에 대하여 전달된 메시지가 가지는 효과를 말하는 것으로 발신자는 수신자가 자신의 말에 따라 능동적으로 움직여주기를 기대한다. 이 기능은 명령이나 선전에서 매우 중요하게 여겨지지만 다른 유형의 의사소통에서는

4_야콥슨의 여섯 가지 기능 중 가장 다양하게 번역되고 있는 것이 바로 이 기능이다. 학자에 따라 능동적 기능, 유발 기능, 명령적 기능, 사역적 기능이라고도 한다.

그렇지 않다. 세 번째로 지시적 기능(fonction référentielle)은 메시지의 실질성을 판정하는 기능으로 객관적이고 사실적인 커뮤니케이션에서 가장 우선적으로 고려되는 요소로서 발화체의 정보적 측면 즉 '진실성'이나 '정확성'과 관련되는 요소이다. 네 번째 기능은 발신자와 수신자 간 접촉(contact)이 수행하는 기능으로서 친교적 기능(fonction phatique)이다. 이것은 발신자와 수신자 간 의사소통 경로를 열어서 양자의 관계 및 양자 간 의사소통을 확인하는 기능이다. 다섯 번째로 코드가 수행하는 메타 언어적 기능(fonction métalinguistique)은 양측 대화자 간 사용되는 코드, 즉 언어 자체에 대한 기능이다. 모든 언어학적 용어들, 사전의 정의들이 메타언어에 속한다. 마지막으로 시적 기능(fonction poétique)은 메시지 자체에 대한 기능으로서 발화체의 기의 보다는 기표를 고려할 때 나타나는 기능이다. 언어는 그 시적 기능을 통해 단지 의사전달의 도구를 넘어서서 그 자체가 가지는 심미적 특성을 부각시킬 수 있게 된다. 이에 따라 언어 능력과 관련하여 언어활동이 이루어지는 모든 상황에서 상황과 발신자, 수신자, 메시지가 있고, 이 메시지는 개별언어(langue)에 해당하는 코드(code)와 접촉방식(contact)에 의해 실현된다. 접촉방식이란 구두로 이루어지는 의사소통에서는 청각적 접촉이, 그리고 문서로 이루어지는 의사소통에서는 문자에 의한 접촉이 될 것이다.

모든 의사소통이 언어활동은 아니다. 발신된 신호가 분절된다는 조건을 갖추면 그것은 언어활동이다. 이것은 인간의 의사소통과 동물의 의사소통을 구별해 주는 매우 중요한 특성이다. 동물의 '언어'는(만일 그것을 언어라고 부를 수 있다면) 일종의 신호체계로서, 기존의 신호를

가지고 항상 동일한 기지의 사실을 나타낸다. 반면에 인간의 언어는
기호체계로서 기지의 기호를 가지고 기지의 사실은 물론이고 미지의
사실도 나타낼 수 있다.

04

언어를 이루는 각종 단위들

언어의 단위들 사이에는 다음과 같은 위계가 존재한다.

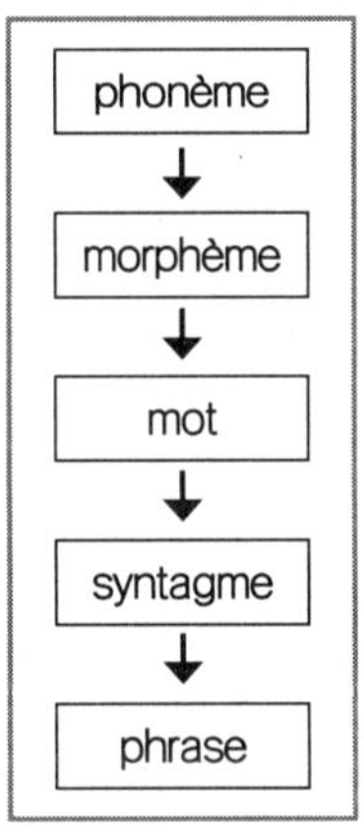

이 단위들 가운데서 문장, 구, 단어, 형태소는 의미를 지니고 있고, 음소는 의미를 지니고 있지 않다. 문장은 여러 개의 구로, 구는 단어들로, 단어는 형태소들로, 형태소는 음소들로 이루어져 있다.

① **문장**(phrase) : 완전한 의미를 이루는 단어군(群)을 문장이라
한다.

② **어구**(syntagme) : 단어보다 큰 단위, 즉 단어가 확장된 단위이다.
예를 들어, livre, fille와 같은 명사(nom)는 관사, 혹은 관사와
다른 수식어와 결합하여 le livre, la fille 라는 명사구(syntagme
nominal)를 형성하고, acheter, aimer 와 같은 동사는 acheter
un livre, aimer le cinéma와 같은 동사구(syntagme verbal)를
형성하는 것이다.

③ **단어**(mot) : 의미 단위를 이루는 소리 혹은 철자군(群)을 말한다.
단어가 가장 작은 단위인가? 단어보다 더 작은 단위가 있는가?
그렇다. 우리는 단어를 다시 의미를 지닌 더욱 작은 단위로 나
눌 수 있다. 그것이 바로 의미를 지닌 최소 단위, 형태소(mor-
phème)이다.

④ **형태소**(morphème) : 의미를 지닌 가장 작은 단위로 기호소(mo-
nème)로도 불린다. 단어 rapidement은 rapide + ment과 같이
두 개의 형태소로 나뉜다.
그렇다면 형태소가 최소의 단위일까? 형태소는 다시, 그 자체
로는 의미를 지니지 않지만 의미 변화에 기여하는 더 작은 단위,
음소(phonème)로 나뉜다.

⑤ **음소(phonème)** : 그 자체로는 의미가 없지만, 의미 변화를 일으
킬 수 있는 변별적 단위를 말한다. 예를 들어 pain 〔p〕 ≠ bain
〔b〕에서처럼 이 두 단어의 의미를 다르게 해 주는 요소는 음소
/p/와 /b/의 차이이다.

문자언어에서 구별하는 단위들은 다음과 같다. 우선, 글자(lettre)
가 문자언어를 구성하는 최소 단위이다. 단어는 문자들로 이루어져 있
으며 각 단어의 경계는 띄어쓰기로 구분된다. 문장의 첫 글자는 대문
자이며, 한 문장은 마침표로 끝난다. 이러한 단위들은 인쇄기술과 연
관된 관습에 의한 것이며, 이것이 진정한 언어학적 단위를 정의하는
기준이 되지는 않는다. 따라서 진정한 언어적 단위는 문자 언어에서
사용하는 단위가 아니라 구어(langue orale)의 단위라고 할 수 있다.

연습문제 ———————————————— *exercices*

1. 다음 개념들을 설명하시오.

    a. 랑그, 파롤

    b. 공시태, 통시태

    c. 도상기호, 지표기호, 상징기호

    d. 음소

2. 다음 표현을 통해서 이중분절을 설명하시오.

> Un des escaliers est en mauvais état.
>
> Les chats mangent les souris.

* 연습문제 6번부터 10번은 Polguère(2000, 2001, 2002)에서 가져온 것임.

3. 우리말의 닭울음소리인 '꼬끼오'는 프랑스어의 'cocorico', 독일어이 'kikeriki', 영어의 'cock-a-doodle-doo'로 발음된다. 이것이 언어기호의 어떤 특성과 관계가 있는지 설명해보시오.

4. 문장을 구성하는 단위를 가장 작은 것부터 차례대로 나열하고 설명하시오.

5. 야콥슨은 6개의 상이한 기능으로 의사소통을 도식화하였는데 그의 의사소통 이론을 간단하게 설명해보고, 메시지가 발신자의 생각이나 생각을 나타내는 주관성을 나타내게 되면 어떤 기능이 있다고 할 수 있는지 써보시오.

6. 다음 예문에서 발신자와 수신자를 명확히 나타내는 언어적 표현을 찾아 쓰시오.

 - Est-ce que tu peux me passer le sel ?

7. 추울때 손이 떨리는 것, 횡단보도의 흰 줄 표시, 그리고 승리를 나타내는 V자 모양의 손가락은 각각 어떤 점에서 다른 기호인지 설명하시오.

8. tapis라는 단어는 언어기호인데 이것의 첫 번째 음절인 ta-는 언어기호가 아닌 이유를 설명하시오.

9. 다음 예문에서 두 번 나오는 'bleu'가 서로 다른 언어기호인 이유를 설
   명하시오.

   - Le bleu de ses yeux est vraiment très bleu.

10. 인간 언어를 다른 기호 체계와 구별해주는 특성이 무엇인지 쓰시오.

제2장

음성학 (La phonétique)
프랑스어의 소리

음성학은 인간 언어가 내는 물리적 실체로서의 소리를 연구의 대상으로 삼는 학문이다. 이 장에서는 프랑스어의 소리에 관해 살펴보기로 한다.

01

음성학은 무엇인가?

음성학(la phonétique)은 인간 언어가 내는 물리적 실체로서의 소리를 연구의 대상으로 삼는 학문이다. 동물의 소리나 기타 소리 혹은 사람이 내는 소리 가운데서도 무의미한 소리, 즉 소음은 음성학의 연구 대상에서 제외된다. 음성학은 음향음성학, 청취음성학, 조음음성학으로 세분된다. 음향음성학(la phonétique acoustique)은 인간 언어의 음성이 지니는 물리적, 음향적 특성 및 그 특성을 바탕으로 한 음파의 전달에 대한 연구이며, 청취음성학(la phonétique auditive)은 인간이 음성을 청취하고 감지하는 방식에 대한 연구이다. 조음음성학(la phonétique articulatoire)은 인간의 음성이 산출되는 방식에 관한 연구로, 사람의 목소리가 발성기관을 통해 만들어 내는 소음과 소리 중에서 실제로 의미를 전달하기 위해 사용하는 소리, 즉 말소리만을 연구의 대상으로 한다. 따라서 발성기관에 의한 조음의 방법과 위치를 기준으로 하여 소리를 분류한다.

프랑스어 음성학의 연구 대상은 오늘날 프랑스어의 분절(articulation)에 필요한 요소들이다. 소리를 내기 위해서는 인두, 성대, 구강, 목젖, 연구개, 치아, 입술, 혀, 비강과 같은 다양한 기관이 사용된다. 음성학의 과제는 음성이 어떤 과정을 통해서 생성되는가를 밝히는 것이다. 음성을 생성하는 신체기관에는 발동 기관, 발성 기관, 조음 기관이 있다. 발동 기관은 폐(허파)이고, 발성기관은 성대이며, 조음 기관은 구강과 비강 등 입과 코에 있는 여러 기관이다.

음성의 생성 단계[5]

발동 기관 (폐)	⇒	발성 기관 (성대)	⇒	조음 기관 (비강/구강)

① 발동 기관

폐에서 형성된 기류가 공기 입자를 진동시키게 되면 음파가 생성되고, 음성은 이 음파의 형태로 청자의 귀에 도달한다. 이러한 음파의 생성에 필요한 기류를 일으키는 작용이 발동이다.

② 발성 기관

폐에서 생성된 기류는 발성 기관을 거치면서 1차로 변형된다. 폐에서 발동된 기류가 후두를 통과하면서 후두 속에 있는 얇은 막인 성대의 작용에 의해 변형되어 말소리의 성격을 갖게 된다. 후두에서 성대에 의해 일어나는 모든 종류의 기류 조정 작용을 발성이라고

5_김기혁 외 (2010), pp. 100–101.

한다.

③ 조음 기관

기류의 2차 변형이 이루어지는 곳이 조음 기관인데 소리다운 소리는 여기서 이루어진다. 조음 기관은 성대 위에 있는 성도(소리 통로)를 이루는 기관으로, 후두를 통과한 기류를 변형시켜 특정한 음가를 지닌 음성을 만드는 곳이며 다양한 부분으로 이루어져 있다. 성문을 통과한 공기의 흐름이 인두(목구멍 길)의 상부에 도달하면 두 갈래의 갈림길을 만난다. 하나는 비강을 통해 코로 나가는 길이고, 또 하나는 구강을 통해 입으로 나가는 길이다. 비강은 조음에서 그다지 큰 역할을 하지 않는 반면, 구강에는 조음과정에 없어서는 안 되는 구개, 혀, 이, 잇몸 등이 있다.

12
6
13
7
1
3
5
8
2
4
9
10
11
14
poumons
estomac
1. la lèvre supérieure(labial)
2. la lèvre inférieure(labial)
3. les dents supérieures(dental)
4. les dents inférieures(dental)
5. les alvéoles(alvéolaire)
6. le palais dur(palatal)
7. le palais mou / le vélum(vélaire)
8. la luette / l'uvula(uvulaire)
9. la pointe de la langue(apical)
10. la partie antérieure de la langue
11. le dos de la langue(dorsal)
12. la cavité nasale(nasal)
13. la cavité buccale(oral)
14. les cordes vocales(voisé)

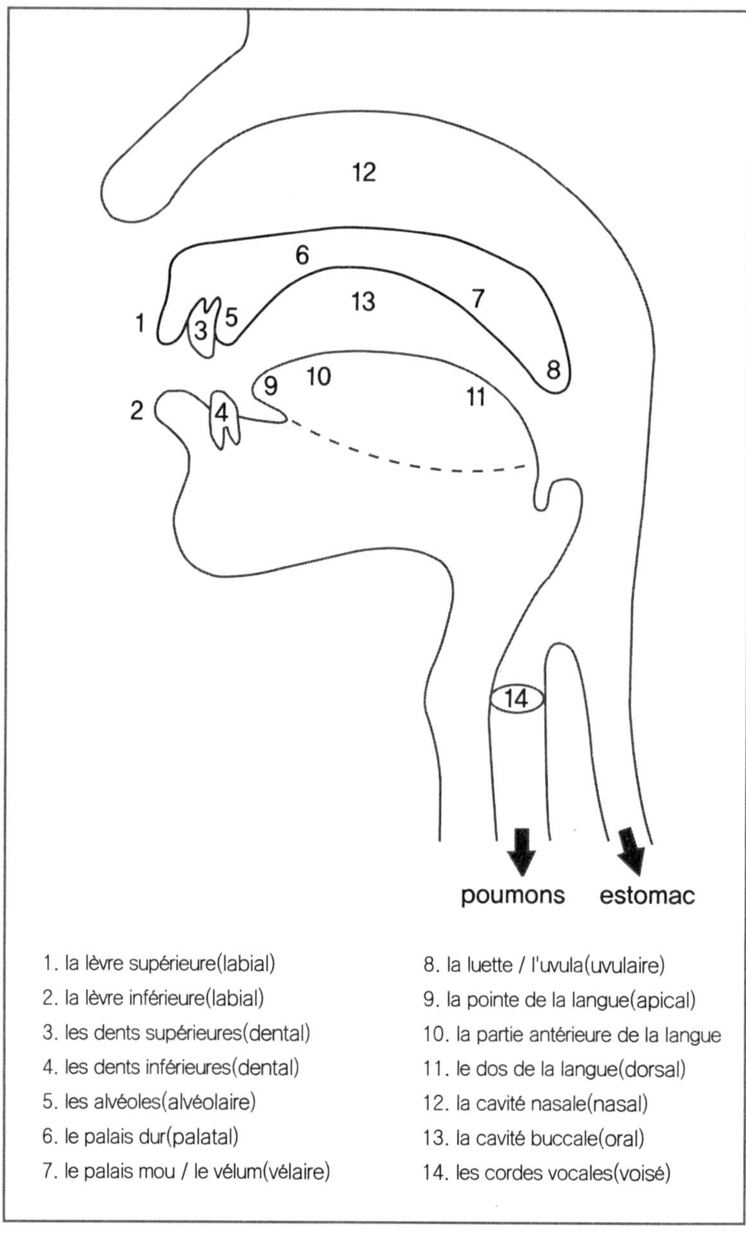

【그림-1. 구강해부도】

12 voyelles orales (구강 모음)

API	철자
a	patte, papa
ɑ	pâte, tas
ə	fenêtre, je
ø	feu, deux
œ	fleur, beurre
e	été, nez
ɛ	mer, fête
o	sot, seau, sceau, saut
ɔ	porte, mort
i	ami, six
u	coup, août
y	sur, nu

4 비강 모음 (voyelles nasales)

API	철자
ɑ̃	rang, avant
ɛ̃	rein, brin, pain
ɔ̃	bon, ombre
œ̃	un, parfum

17 자음 (consonnes)

API	철자
b	bal, robe
s	souris, pièce
k	qui, kilo, cage
d	date, demain
f	face, phrase
g	gare, bague
ʒ	jardin, gorge
l	la, ciel
m	madame, femme
n	neveu, non
ɲ	agneau, signe
p	petit, absolu
R	radio, par
t	ta, sept
v	vélo, wagon
z	zèbre, rose
ʃ	chariot, chocolat

3 semi-consonnes / semi-voyelles (반자음 / 반모음)

API	철자
j	yeux, piano
w	oui, oiseau
ɥ	lui, nuit

02

프랑스어의 모음, 자음, 반자음

사람의 말소리는 모음, 자음, 그리고 반모음/반자음으로 분류한다. 사람의 발성기관을 통해서 소음 및 '모음'의 소리들과 그 결합체, 그리고 우리가 흔히 '자음'으로 부르는 소리들이 발생된다. 사람의 말소리는 철자와 구별하여 〔　〕안에 넣어 표시한다. 예를 들어, août는 문자언어로는 3개의 모음과 1개의 자음으로 이루어졌고 구어에서는 한개의 모음〔u〕와 1개의 자음〔t〕로 이루어졌다. oiseau는 문자언어에서 5개의 모음, 1개의 자음으로, 구어에서는 1개의 반모음 〔w〕, 2개의 모음 〔a〕, 〔o〕, 그리고 1개의 자음 〔z〕로 구성되어 있다.

2.1. 프랑스어의 모음

모음이 발성될 때는 언제나 성대가 진동한다는 특징이 있다. 따라서 모음은 모두 유성음이다. 모음은 일반적으로 조음 방식과 입의 모양(원순/평순), 혀의 높낮이(개모음/폐모음), 혀의 위치(전설/후설모음)를 기준으로 기술한다. 보통 〔i〕, 〔u〕, 〔a〕, 〔ɑ〕를 정점으로 모음 사각도를 편성한다.

발음할 때 입술의 모양이 둥근지 아닌지에 따라 원순모음(voyelles arrondies)과 평순모음(voyelles non arrondies)을 구분한다. 〔y〕, 〔u〕, 〔ø〕, 〔o〕, 〔œ〕, 〔ɔ〕는 원순모음이고, 나머지는 평순모음이다. 모음을 발음할 때 공기가 입을 통하여 빠져나가면 그 모음은 구강모음(voyelles orales)(i, y, u…)이라 하고, 공기가 입으로 빠져나가면서 배출된 공기의 일부가 비강을 울리면 그 모음을 비강모음(voyelles nasales)(ã, õ,ɛ̃,œ̃)이라고 한다. 발음기호에 표시된 ~(비음부호 tilde)는 이러한 비강모음화(nasalisation)를 나타낸다.

모음은 혀의 위치에 따라서 전설모음(voyelles antérieures), 중설모음(voyelles centrales), 후설모음(voyelles postérieures)으로, 혀의 높낮이에 따라서 폐모음(voyelles fermées 〔i〕,〔y〕,〔u〕, voyelles mi-fermées 〔e〕,〔ø〕,〔o〕)과 개모음(voyelles mi-ouvertes 〔ɛ〕,〔œ〕,〔ɔ〕, voyelles ouvertes 〔a〕,〔ɑ〕)으로 나뉜다. 발음 시 혀가 구개 방향으로 올라가고 공기가 자유로이 빠져나갈 통로가 좁아지면서 모음 소리가 나는데, 유연한 근육으로 이루어져 있는 혀가 구개 쪽으로 올라가면서 가볍게 앞으로 뻗으면 전설모음이, 다시 뒤로 물러나면 후설모음이 발음된다.

프랑스어의 16번째 모음인 schwa 〔ə〕는 일명 '묵음 e(e muet)'라고도 불린다. 이 발음은 지역에 따라서 혹은 형식적인 이유로 다음과 같이 발음되기도 하고 발음되지 않기도 한다.

(1a) casserole / cass'role

(1b) Genève / G'nève

(1c) ce que je ne veux pas / c'quej'veuxpas.

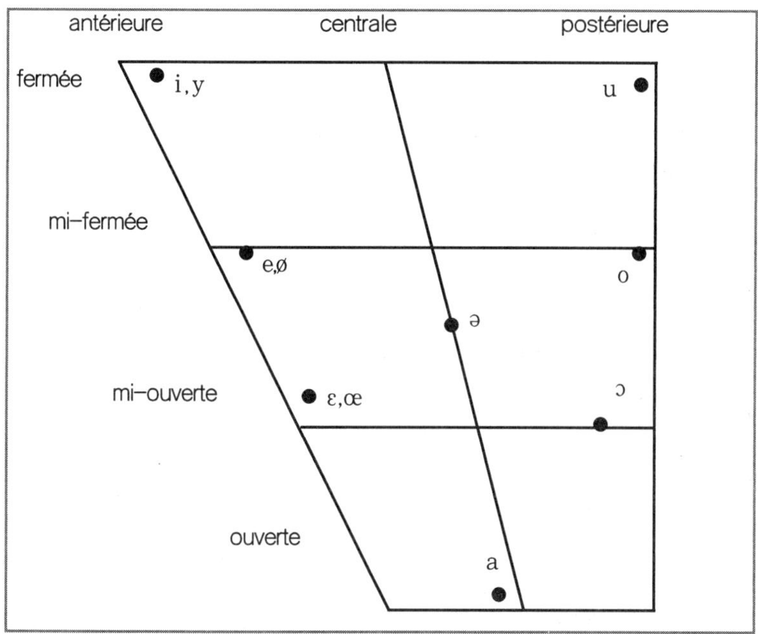

【그림-2. 프랑스어의 모음 사각도】

그런데 requin에서는 〔ə〕를 꼭 발음해야 하고 r'quin은 허용하지
않는다.

2.2. 프랑스어의 자음

자음은 공기가 구강, 혹은 구강과 비강으로 빠져나갈 때 완전히, 혹은 부분적으로 방해를 받음으로써 발성된다. 조음기관과 방법에 따라 아래의 표에서와 같이 구분한다.

〈표 2-1. 조음기관에 따른 프랑스어 자음의 분류〉

조음기관/위치	소리의 종류	
lèvres (입술)	labial (순음), bi-labial (양순음)	labio-dental (순치음)
dents (치아)	dental (치음)	
pointe de la langue (설단)	apical (설단음)	
치아 + 설단	apico-dental (설단치음)	
alvéoles dentaires (치조)	alvéolaire (치조음)	
palais dur (경구개)	palatal (경구개음)	
palais mou (연구개)	vélaire (연구개음)	
cavité orale (구강)	oral (구강음)	
cavité nasale (비강)	nasal (비강음)	
cordes vocales (성대)	sonore/sourd (유성음/무성음)	

자음은 성(voix), 조음 위치, 조음 방법의 세 가지 기준에 의해 분류된다. 성(voix)에 따른 분류로는 발음할 때 성대가 떨리는 유성음(sonores)과 떨리지 않는 무성음(sourdes)으로 나뉜다. 조음 위치에 따라 분류하면 양 입술을 붙여서 발음하는 양순음(bi-labiale), 입술과 치아를 가지고 발음하는 순치음(labio-dentale), 치아에서 발음되는 치음

(dentale)과 치아와 잇몸 사이에서 발음되는 치조음(alvéolaire), 혀끝과 치아에서 나는 설단치음(apico-dentale), 경구개음(palatale), 연구개음(vélaire), 구개수음(uvulaire)이 있다. 조음 방법에 따라 분류하면 공기가 입(구강)과 코(비강)로 동시에 빠져 나오면서 내는 비음 [n], [m], [ɲ]이 있다. 나머지 자음 소리는 모두 구강자음이다. 또한 공기의 흐름이 완전히 막히면서 나는 소리는 폐쇄음(occlusive), 부분적으로 막히면서 나는 소리는 마찰음(fricative)이다.

2.3. 반모음 혹은 반자음

반모음(semi-voyelles)은 조음방식이 모음과 유사하고, 음절 안에서 자음과 같은 기능을 한다는 점에서 자음과 유사하다. 따라서 반자음(semi-consonnes)이라고도 불린다. [j]는 [i]와 다른 모음을 연속해서 발음할 때 생겨나고(yeux, piano), [w]는 [u]와 다른 모음을 연속해서 발음할 때(avoir), 그리고 철자 oi를 발음할 때(oiseau) 발생한다. [ɥ]는 [y]와 그 뒤에 나오는 모음을 연결해서 발음할 때 생성된다(lui, huit).

〈표 2-2. 조음 방식에 따른 프랑스어의 자음 분류〉

조음 위치									
조음 방식	자음		양순음	순치음	설단치음	치조음	구개음	연구개음	구개수음
조음 방식	폐쇄음 (occlusives)	무성음	p		t			k	
		유성음	b		d			g	
		비음	m		n		ɲ		
	마찰음 (fricatives)	무성음		f		s	ʃ		
		유성음		v		z	ʒ		
	공명음 (consonantes)	비음	m		n				
		설측음				l			
		진동음							R

03

음절 나누는 방법

프랑스어에서는 모음을 기준으로 해서 음절(syllabe)을 나눈다. 따라서 모음의 숫자만큼의 음절이 있다.

(2a) stra-bisme : 2음절

(2b) spout-nik : 2음절

(2c) a-é-ro-port : 4음절

(2d) a-bba-ye : 3음절

(2e) a-beille : 2음절

연습문제 ——————————————*exercices*

1. 프랑스어의 모음들을 입이 닫힌 정도에 따라 분류해 보시오.

2. 프랑스어의 전설 모음들 가운데서 원순모음이 아닌 것들은 무엇인가?

3. 'savant Anglais'(박식한 영국인)와 'savant anglais'(영국인 학자)는 대문자
와 소문자의 사용이 의미의 차이를 유발한다. 이 표현들은 연음의 유무
에 의해서 구분되는데, 어떻게 구어에서 발음되는지를 써보시오.

4. 프랑스어에는 'chat'에서처럼 두 개의 자소가 결합하여 하나의 말소리로
나타나는 이중자(diagramme)가 있으므로, 한 문장에 자소가 말소리보다
더 많이 있을 수 있다. 11개의 자소를 가진 다음의 문장은 몇 개의 말소
리로 이뤄졌는지 써 보시오.

> Le chat mange.

*연습문제 5번에서 9번은 Bruxelles S, Grangette C, Guinamard I, Van Der Veen L. Lin-
guistique Française 1, langue orale, langue écrite − Documents et exercices, Univer-
sité Lyon 에서 가져옴.

5. 프랑스어에서 [i]와 [o]는 어떤 특성에 의해서 대립되는지 쓰시오.

6. 프랑스어에서 [o]와 [e]는 다음 중 어떤 특성에 의해서 대립되는지 모두
고르시오.

  a. 입이 열린 정도
  b. 입술의 모양(원순, 평순)
  c. 비강모음
  d. 전설(antérieur)

7. 유성자음의 조음적 특성을 쓰시오.

8. 다음의 특성들을 보고 어떤 자음(들)과 관련되는지 API(국제음성기호)로
나타내시오.

  − nasale, apico−dentale, voisée[+sonore] :
  − occlusive, vélaire, voisée :
  − fricative, alvéolaire, non−voisée [−sonore] :

9. 다음의 특성들을 보고 어떤 모음과 관련되는지 API(국제음성기호)로 나타
내시오.

  − antérieure, orale, mi−ouverte, non arrondie :

- postérieure, orale, mi-fermée, arrondie :

- postérieure, nasale, ouverte, non arrondie :

- antérieure, orale, fermée, arrondie :

제3장

음운론(La phonologie)
프랑스어의 소리 체계

음운론은 프라하 학파를 중심으로 한 기능주의적 관점에서의 언어 연구로, 트루베츠코이에 의해 이와 같이 명명되었다. 트루베츠코이 외에도 마르티네, 야콥슨 같은 학자들이 음운론 연구를 주도하였다.

01

음성학과 음운론의 차이

음성학이 인간이 내는 말소리에 관한 연구라면, 음운론은 그 소리의 체계에 관한 연구라 할 수 있다. 음성학이 자연과학적 관점에서, 실험적인 방법을 사용하여 여러 소리가 가지고 있는 다양한 특성들을 밝혀내는 일에 관심을 둔다면, 음운론은 인문과학적 관점에서 인간 언어의 소리가 가지는 기능 작용을 이해하게 해주는 모형을 설정하는 것을 목표로 한다. 음성학에서는 소리(〔 〕로 표시) 자체의 특성을 다루고, 음운론에서는 소리이되 의미 결정에 관여하는 소리, 즉 음소(phonème)(/ /로 표시)의 결합관계를 연구한다. 음소는 그 자체로는 의미를 가지지 않으나 대치(commutation)라는 작용을 통해 의미 결정에 관여하는 소리의 단위를 말한다. 음운론의 연구단위는 이 변별적이고 대립적인 음소이다.

하나의 체계로서의 랑그는 다양한 요소들의 대립관계에 기초하여 작용한다. 이러한 체계 내에서 각 음소는 그 체계 내의 다른 음소들과의 대립에 의해서만 가치를 갖는다. 음소의 체계는 언어마다 다르다.

가령, 프랑스어에서 /z/와 /s/는 서로 다른 음소이다. caser / casser, 혹은 raser / racé는 이 음소들에 의해서 서로 구별된다. 하지만 스페인 어에서 /s/와 /z/는 하나의 동일한 음소여서, 의미의 변화를 유발하지 않으며 단지 두 개의 다른 소리의 실현(변이체)으로 간주된다.

02

기능주의 음운론

음운론은 2차분절의 단위인 음소에 관한 연구이다. 음소는 의미를 결정하는 수단이며 의사소통 행위에서의 기능으로 인해 랑그 차원의 기능 작용에 기여하는 요소이다.

2.1. 대치

음소에 대한 기능적 분석은 대치(commutation)에 기초하여 음운 체계를 결정한다. 서로 다른 소리들은 동일한 음운 환경 내에서 그것들이 서로 간에 대체되는 것이 전달하는 내용의 의미를 변화시킬 때, 그리고 그 때에만, 다른 음소들로 간주된다. 다음과 같이 계열축(상하관계, axe paradigmatique)에서 한 단위를 다른 단위로 교체하는 작용을 대치라고 한다.

대치의 한 예를 들어보자. 아래의 계열축에서 [p], [m], [t] 소리는 결합축(좌우 관계, axe syntagmatique)의 동일한 위치에서 서로 대립적 관계에 있다. 다시 말해서 이 세 개의 소리를 대치함으로써 동일한 음운 환경에서 의미의 차이가 유발되는 것이다(paire, mer, terre). 따라서 이 세 개의 소리는 음소이다.

ex) terre[tɛR], mère[mɛR], père[pɛR]

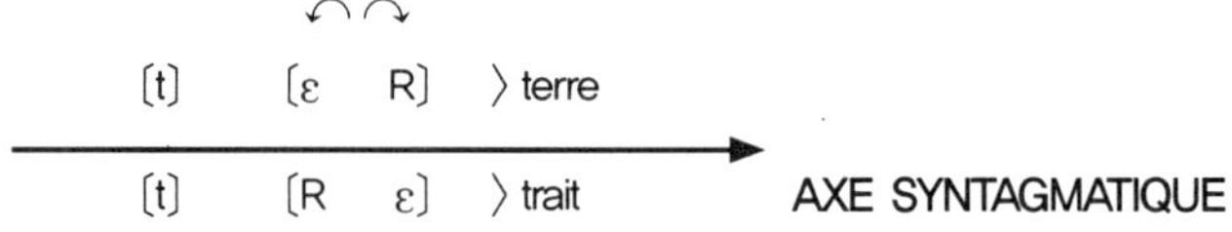

AXE PARADIGMATIQUE

결합축에서 두 요소의 위치를 바꾸는 작용을 치환(permutation)이라고 한다. 아래의 결합축에서 [ɛ]와 [R] 소리가 치환될 때 동일한 음운 환경에서 의미의 차이가 유발된다(terre, trait). 따라서 이 두 개의 소리는 음소이다.

ex) terre [tɛR], trait [tRɛ]

이와 같이, 음소는 대치와 치환을 통하여 추출된다. 대치에 의해 추출된 음소들의 관계를 대립(opposition)으로, 치환에 의해 추출된 음소들의 관계를 대조(contraste)라 부르기도 한다.

2.2. 변별 자질

하나의 음소는 변별 자질들(traits distinctifs)의 집합으로 간주된다. 변별 자질은 하나의 음소를 체계 내의 다른 모든 음소들과 다르게 해 주는 것이다. 예를 들어, 음소 /d/는 설단음[+apical] 자질을 가지므로 순음[+labial]의 자질을 가진 /b/와 구별되고, 유성음[+sonore] 자질로 인해 /t/와 구별되며, 폐쇄음[+occlusif] 자질에 의해 /z/와 구별된다.

03

프랑스어의 음소

프랑스어의 음소는 17개의 자음, 16개의 모음과 더불어 3개의 반모음/반자음으로 구분되며, 이 36개의 소리의 특징은 모두 불연속적이라는 것이다. 이 소리들은 불연속적이기 때문에 상호간 결합이 가능하다.

3.1. 모음

모음은 허파에서 빠져나온 공기가 방해받지 않고 분출되어 내는 소리를 말한다. 모음은 음절의 최소 단위이다. 모음을 분류하는 기준은 조음 시 입술의 모양(원순, 평순), 혀의 높낮이 및 위치(폐음, 개음, 전설, 후설), 그리고 비강의 개입(구강모음, 비강모음)여부이다. 원순모음으로는 〔y〕, 〔u〕, 〔o〕, 〔ɔ〕, 〔ø〕, 〔œ〕가 있고, 나머지는 평순모음이다. 전설모음은 소리를 낼 때 혀의 위치가 앞에 오며 평순모음에 해당된다. 〔i〕, 〔e〕, 〔ɛ〕, 〔a〕 와 비모음인 〔ɛ̃〕이 전설모음이다. 혀의 위치가 뒤편인 후설모음에는 〔u〕, 〔o〕, 〔ɔ〕, 〔ɑ〕와 비모음 〔ɔ̃〕, 〔ɑ̃〕이 있다. 〔y〕, 〔ø〕, 〔œ〕, 〔ə〕, 〔œ̃〕는 혀의 위치가 전설모음과 같고, 입술모양이 후설모음과 같으므로 복합모음(voyelles composées)이라 한다. 발음할 때 바람이 입으로만 빠져나오면 구강모음(voyelle orale), 입과 코로 동시에 빠져나오면 비강모음(voyelle nasale)이다.

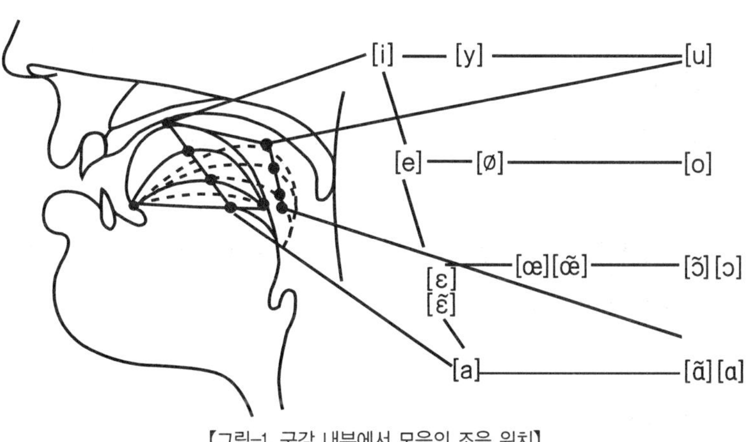

【그림-1. 구강 내부에서 모음의 조음 위치】

* 자료 : http://blog.daum.net/kp180/2374492 에서 가져옴

3.1.1. 구강모음

① **전설모음** : 전개도의 위에서부터 아래로 〔i〕〔e〕〔ɛ〕〔a〕의 순서
로 입이 크게 벌어지며, 혀의 위치는 위에서 아래로 내려간다.

〔i〕: fini, rire   　　　　〔e〕: été, présent

〔ɛ〕: père, tête   　　　　〔a〕: ami, jardin

② **후설모음** : 〔u〕〔o〕〔ɔ〕〔ɑ〕의 순서로 혀 높이가 차차 낮아지고
윗니와 아랫니 사이가 벌어지며 입이 점점 크게 열린다.

〔u〕: tout, coup   　　　　〔o〕: eau, jaune

〔ɔ〕: objet, robe   　　　　〔ɑ〕: bâtiment, pas

③ **복합모음** : 〔y〕〔ø〕〔ə〕〔œ〕의 순서로 혀의 위치가 낮아지고 입
술이 벌어진다.

〔y〕: une, sur, eu   　　　　〔ø〕: feu, œufs

〔ə〕: le, repas, besoin   　　　　〔œ〕: sœur, cœur

3.1.2. 비강모음

〔ɛ̃〕, 〔œ̃〕, 〔ɔ̃〕, 〔ɑ̃〕이 있고 구강모음일 때의 조음위치에서 공기를 코
로 내뿜는다.

[ɛ̃] : pain, symbole   [œ̃] : un, brun

[ɔ̃] : bonbon, pompier   [ɑ̃] : jambe, ensemble

3.1.3. 반모음

모음 [i], [u], [y] 뒤에 연속해서 다른 모음이 오게 되면 완전한 모음 소리를 내지 못하여 아주 짧게 이어서 발음하게 되는데 소리는 모음과 비슷하나 음절을 형성하지 못하므로 이를 반모음(semi-voyelles) 혹은 반자음(semi-consonnes)이라고 부른다.

[i] → [j], [u] → [w], [y] → [ɥ]

[j] : piano, ciel, yeux, bien

[w] : oui, Louis, moi, voit

[ɥ] : depuis, nuit, juillet, huit

3.2. 자음

자음은 구강으로 빠져나가는 바람이 방해를 받아서 나오는 소리이다. 바람이 구강으로 빠져나가는 구강자음(consonnes orales, 아래 3.2.1., 3.2.2., 3.2.3.의 자음)과 비강으로도 빠져나가는 비강자음(consonnes nasales, 아래 3.2.4.의 자음)이 있다. 또한 성대를 진동시켜 내는 유성음(sonore)과 진동시키지 않는 무성음(sourde)으로 나누어진다. 조음 방식에 따라서는 폐쇄음(occlusive), 마찰음(fricative), 설측음(latérale)으

로 나뉘고 조음이 일어날 때 입의 어느 부분이 사용되는가에 따라서는
순음(labiale), 치음(dentale), 구개음(palatale), 연구개음(vélaire) 등으로
나뉜다.

3.2.1. 폐쇄음

구강을 통과하는 숨이 일단 막힌 뒤 갑자기 열려서 생기는
소리이다.

[p] : porte, prairie   [b] : bébé, liberté

[t] : terre, question   [d] : début, aide.

[k] : kiosque, crayon, quartier   [g] : guerre, glace

3.2.2. 마찰음

공기의 경로가 좁혀지면서 마찰에 의해 생기는 소리이다.

[f] : café, France, effet   [v] : victoire, wagon

[s] : service, ça, assiette   [z] : zèbre, valise, sixième

[ʃ] : cheval, dimanche   [ʒ] : géant, jardin, Georges

[R] : radio, mer

3.2.3. 설측음

혀의 양 옆으로 바람이 빠지면서 나는 소리이다.

〔l〕 : livre, palme, sel

3.2.4. 비강자음

입의 한 부분에서 공기의 흐름이 방해를 받고 코로 빠져나가는 소리이다.

〔m〕 : midi, emmener

〔n〕 : nombre, nuit

〔ɲ〕 : champagne, Espagne

이 비강자음들은 폐쇄음과 공명음(consonnante)에도 속한다.

3.3. 최소대립쌍

우리는 앞에서 이미 음소를 추출하는 대치와 치환의 방법에 대해 설명하였다. 보다 구체적으로 음소를 확인하는 방식은 최소대립쌍(paires minimales)을 추출하는 것이다. 하나의 음소는 체계 내에서 다른 모든 음소들과 대립관계에 있는데, 다음과 같이 하나의 음소를 다른

음소로 대치할 때 의미 변화가 일어나는 두 개의 단어를 최소대립쌍이
라고 한다.

   (1a) figue - fugue, seau - sot, vent - vin

   (1b) pierre - bière, pire - tire, pense - dense

최소대립쌍들은 하나의 음소만을 제외하고는 동일한 음운환경에
있다고 볼 수 있다. 따라서 최소대립쌍은 하나의 관여적 또는 변별적
특성(trait pertinent/distinctif)에 있어서만 대립하는데, 여기서 관여적 특
성이란 음소들을 서로 구별해주는 음성적 특성을 말한다. 하나의 음소
를 바꿈으로써 의미 변화를 일으킨다는 점을 통해 언어의 생산성과 효
율성을 알 수 있다. 위의 예에서 pierre - bière의 최소대립쌍은 음소
/p/와 /b/, 즉 무성음과 유성음이라는 관여적 특성에 의해 구별된다.

3.4. 변별 자질

앞에서 우리는 음소를 "최소의 음운론적 단위"로 정의한 바 있다.
그렇다면 음소는 더 이상 분석할 수 없는 단위일까? 사실 하나의 음소
는 그것의 음성적 특성들을 나타내는 변별적 특성의 집합으로 분석될
수 있다. 이 변별적 특성들을 변별 자질이라 하는데 이것들은 어떤 음
소를 다른 음소들과 구별해 주고 유사성과 상이성들을 나타내주는 관
여적 특성들이다. 가령 음소 /t/, /s/, /p/, /d/, /m/는 각각 아래와 같

은 변별적 자질들로 분석될 수 있다. 이처럼 변별 자질을 통하여 음소를 분석하는 것의 장점은 음운적 집합(matrice phonologique)을 설정할 수 있다는 것이다.

/t/ : ‑nasale(구강자음), +occlusive(폐쇄음), +dentale(치음),
　　　‑sonore(무성음)

/s/ : ‑nasale(구강자음), +fricative(마찰음), +dentale(치음),
　　　‑sonore(무성음)

/p/ : ‑nasale(구강자음), +occlusive(폐쇄음), +labiale(순음),
　　　‑sonore(무성음)

/d/ : ‑nasale(구강자음), +occlusive(폐쇄음), +dentale(치음),
　　　+sonore(유성음)

/m/ : +nasale(비강자음), +occlusive(폐쇄음), +labiale(순음),
　　　+sonore(유성음)

3.5. 음소와 이음(異音)

하나의 음소가 서로 다른 소리, 즉 변이형으로 실현되는 것을 이음(allophones)이라고 한다. 이음에는 조합 변이음(variantes combinatoires)과 자유 변이음(variantes libres)이 있다. 조합 변이음이란 위치와 관련된 변이음으로, 어떤 음소의 조합 변이음들은 상보적 분포를 보인다. 예를 들어, 짧게 발음하는 열린 e음은 길게 발음하는(deux points, 즉 ':'로 표시한다) 열린 e음과 상보적 분포를 보인다.

(2) 〔il nɛ〕 (il naît)　vs　〔il nɛːʒ〕 (il neige)

　　반면에 두 개의 서로 다른 음성 단위가 같은 환경에서 만나고 대립 관계가 아니라면 같은 음소의 자유 변이음이라고 할 수 있다. 전형적인 예로는 프랑스어 음운론의 관점에서 변별적이지 않은 〔r〕와 〔R〕를 들 수 있다.

04

음절

모음은 단독으로 음절 형성이 가능하므로 음절을 결정하는 것은 모음이다. 따라서 모음의 수만큼 음절이 있는 것이다. 모음으로 끝나는 음절은 개음절이라 하고 자음으로 끝나는 것은 폐음절이라 한다. 이 밖에도 다음의 원칙에 의거하여 음절을 계산한다.

① 모음은 앞의 자음과 함께 음절을 형성한다.

　cha-peau

② 단어의 (발음되는)마지막 자음은 앞 음절과 하나로 합쳐진다.

　a-gir

③ 두 모음 사이에 있는 하나의 자음은 뒤의 모음과 한 음절을 이룬다.

　so-no-ri-té

④ 두 모음 사이에 있는 두 개의 자음은 앞, 뒤로 분리한다.

　ar-gent, ob-ser-ver

⑤ 자음 + l, r는 분리하지 않고 뒤의 모음과 한 음절을 이룬다.

　　pro−blème

⑥ 두 자음 사이의 's'는 앞 음절로 합쳐진다.

　　lors−que

⑦ 연속된 두 모음은 반모음화하거나 음절분리된다.

　　prier 〔pRie〕 〉 〔pRje〕 (반모음화)

　　poète 〔po−ɛt〕 (음절분리)

〈표−2〉

V　　　　　a CV　　　　peau CW　　　　néon CCV　　　　plu CWCV　　　poésie CCCVCV　strident, scruter VCW　　　abbaye	개음절어
VC　　　　il VCVC　　　époque VCC　　　est [ɛst]	폐음절어
VCCC CVC　　　　taire CVCC　　　peuple CVCCCC CWC　　　poète CCVC　　　plaire, brosse CCVCC　　prendre CVCCC　　next, sixth CCCVC　　strophe CCVCCC　twelfth CCCVCC	자음 3개만 나오는 보편적 예 s ＋ p ＋ (l / t / r / k)

　이와 같이 단어형성의 배경에는 'C(자음)'과 'V(모음)'의 조합의 메커니즘이 있다. 단음절어는 모음을 기준으로 계산하고, 2음절어는 단음절어의 결합을 통해 생성되므로 단음절어가 기본이 된다. VV등과 같이 이중모음인 경우는 프랑스어에서 불가능한 조합인데, 위 표에서 a-bba-ye나 po-ète는 이중모음이 아니라 음절이 분리된 것이므로 가능하다.

05

운율

5.1. 억양[6]

억양(intonation)이란 문장을 발화할 때 생기는 음조(mélodie)를 말한다. 이것은 문장이 발화되는 도중 생겨나는 기본음(fréquence fon-damentale)의 변화에 의해 만들어진다. 가령, 프랑스어에서 의문문(il pleut?)은 상승 억양으로, 평서문(il pleut)은 하강 억양으로 발화된다. 문장의 억양은 다음과 같은 화살표 곡선으로 표시된다. 의문문이나 감탄문, 그리고 발화체 중간의 휴지부는 상승 곡선으로 나타내어진다.

(3a) Il fait chaud.   (3b) Il fait chaud?   (3c) Est-ce qu'il fait chaud?

6_5.1.과 5.2.의 억양과 강세에 관한 부분은 Germain, C. & LeBlanc, R. (1982), vol. 2: La phonologie의 예문과 설명에서 인용하였음.

억양은 문법적 요소와 병행되기도 한다. Est-ce que가 선행하는 의문문에서는 평서문에서와 마찬가지로 상승-하강 억양을 보인다.

이와 같은 억양의 문제는 그것이 의미의 변화를 표시한다는 점에서 음운론 연구의 대상이 된다. 억양이 표현의 기능을 하는데 사용되는 경우, 다시 말해서 발화자가 어떤 뉘앙스나 특별한 감정을 표현하기 위해 발화체의 일부를 강조하려고 하는 것은 음성문체론(phonostylistique)의 영역에 속한다. 따라서 하나의 문장은 다음과 같이 발화자의 의도에 따라 여러 방식으로 발음될 수 있다.

(4a) Vous avez compris? (4b) Vous avez compris! (4c) Vous avez compris.

억양의 문제는 리듬(rythme)과 휴지(pause)와 밀접한 관련이 있다. 일반적으로 각 리듬 단락(groupe rythmique)은 한 음조에 해당한다. 억양 곡선은 나머지 지점들과 대립되고 그렇게 함으로써 가치를 얻는다. 억양의 물리적인 높낮이는 중요한 요소로 작용하지 않는다. 예를 들어 중파(fréquence moyenne)는 발화자가 남자인지 여자인지에 따라 다르지만 억양은 발화자의 소리의 주파수와는 무관하게 동일하다.

5.2. 강세

　프랑스어에서 운율과 관련된 또 하나의 중요한 요소는 강세(ac-cents)이다. 음절의 강세규칙(accentuation)에는 여러 요소가 관여하지만 가장 중요한 역할을 하는 것은 주파수의 상승이다. 프랑스어의 강세는 경계표시기능(fonction démarcative)을 가지기도 한다. 한 리듬 단락의 마지막 음절은 언제나 강세를 띠기 때문에 프랑스어의 강세는 단어가 아닌 어구(syntagme)의 경계를 표시한다고 할 수 있다. 프랑스어에서 강세가 의미적 차원에서 변별적 기능을 갖는 경우는 없다.

　이상에서 살펴 본 운율의 문제에서 기억해야 할 점은, 음운론에서 운율의 문제는 변별적인 성격을 띠고 있으며 운율(prosodie)은 불연속적인 음소와는 달리 연속적이라는 점이다.

06

연음과 연독

프랑스어의 음절 구성에서 발생하는 음성적 현상으로는 **연음**(liaison)과 **연독**(enchaînement)이 있다.

6.1. 연독

프랑스어에서는 같은 억양 군(groupe d'intonation) 내에서 한 단어가 자음으로 끝나고 뒤이어 오는 단어가 모음으로 시작되면 앞 단어의 끝자음이 연속되는 단어의 모음에 실려 발음되는데 이 현상을 연독이라고 한다.

(5) J'ai mal à la jambe. 〔ʒe-ma-la-la-ʒɑ̃b〕

이 현상에서 주목할 사항은 음절 나누기가 반드시 철자 나누기와 일치하지 않는다는 것이다. 위 문장에 적용되는 음절 분석은 단어 mal 이 ma-l과 같이 둘로 나뉘어 끝 자음이 그 다음 단어의 모음과 한 음 절로 묶이게 되는 것을(ma-la) 명백하게 보여준다.

6.2. 연음

연음은 프랑스어에만 있는 특수한 현상이다. 일정한 환경이 주어 질 때 보통은 소리 나지 않는(muet) 단어의 끝 자음이 뒤이어 오는 단 어의 첫 모음과 만나 소리 나게 되는 현상을 말한다. [t], [k], [v], [z], [n], [p], [R]가 연음과 연관되는 자음들이다. 연음 현상이 나타날 때 자음의 종류에 따라 음성적 형태가 달라진다.

① -s / -x → [z]

- les enfants [lezãfã]

- dix ans [dizã]

② -d → [t]

- grand ami [gRãtami]

연음이 일어나는 조건은 다음과 같다.

① 한 리듬 단락(groupe rythmique)내에서만 적용된다.

② 단위들 간의 통사적 관계가 긴밀할수록 연음이 일어난다.

③ 언어의 격조가 높을수록 연음이 잘 일어난다.

그러나 연음을 반드시 해야 하는 경우가 있고, 할 수도 있고 하지 않을 수도 있는 경우, 금지되어 있는 경우도 있다. 먼저 **연음이 반드시 일어나는 경우**는 다음과 같다.

① 한정사와 명사 사이에서 :

  les yeux 〔lezjø〕. les étrangers 〔lezetRɑ̃ʒe〕

② 선행 형용사와 명사 사이에서 :

  ces dernières années 〔sedɛRnjɛRzane〕

③ 한정사와 명사의 선행 형용사 사이에서 :

  les autres nations 〔lezotRənasjɔ̃〕

④ 인칭대명사와 동사 사이에 :

  nous avons 〔nuzavɔ̃〕

⑤ 두 개의 부사적 대명사 사이에서 :

  en y ajoutant 〔ɑ̃njaʒutɑ̃〕

⑥ 전치사 뒤에서 :

  chez elles 〔ʃezɛl〕. dans une maison 〔dɑ̃zynmɛzɔ̃〕

다음은 **수의적으로 연음이 일어나는 경우**이다.

① 조동사와 동사 사이에서 :

s'est empreint 〔sɛ(t)ãpRɛ̃〕

② 동사와 부사적 요소 사이에서 :

　　… montrent à peine〔mɔ̃tR(t)apɛn〕

③ 부정어 *pas* 다음에서 :

　　n'a pas été lu 〔napa(z)etely〕

④ 복수 명사와 후행 형용사 :

　　les armes étrangères 〔lezaRm(z)etRɑ̃ʒɛR〕

⑤ 형용사구 내 형용사와 전치사 :

　　parvenus à la virilité 〔paRvəny(z)alaviRilite〕

다음과 같은 경우에는 **연음이 일어나서는 안 된다.**

① 두 개의 리듬 단락 사이에서 :

　　doubler l'intérêt//en y ajoutant 〔dublelɛ̃teRɛ(*t)ãnjaʒutã〕

② *et* 뒤에서 :

　　un homme //et une femme 〔œ̃ɔme(*t)ynfam〕

③ 단수 명사와 후행 형용사 사이에서 :

　　étudiant étranger 〔etydjã(*t)etRɑ̃ʒe〕

연습문제 ——————————————————————— *exercices*

1. 음성학과 음운론의 차이를 기술하시오.

2. 다음 표현들을 음운론적 관점에서 기술하고(음소로 표현), 음절로 분리해
   보고, C(자음), V(모음), S(반모음)로 표시해 보시오.

> ex. : le français
>
> /lə – fRã–sɛ/
>
> CV–CCV–CV

    a. Les strates du sol gris

    b. Laissez croître des feuilles et des fruits

    c. Huit stries sur le mur ocre

3. 다음 프랑스어 음소들을 보고 각각의 음운적 자질을 써보시오.

    a. /t/　　　　　b. /z/　　　　　c. /k/

    d. /e/　　　　　e. /u/　　　　　f. /ɑ/　　　　　g. /ø/

* 연습문제 1,2,4,5 번은 Germain & LeBlanc(1982)에서 발췌하였고 6번-14번은 Bruxelles S, Grangette C, Guinamard I, Van Der Veen L에서 가져온 것임.

4. 자음 차원과 모음 차원에서 다음 단어들의 최소대립쌍을 찾아보시오.

- pain

- temps

- feu

- chant

- jeu

5. 다음에 주어진 텍스트의 리듬 단락들(//으로 표시) 각각에 대해 억양 곡선
(courbe d'intonation)을 표시하시오.

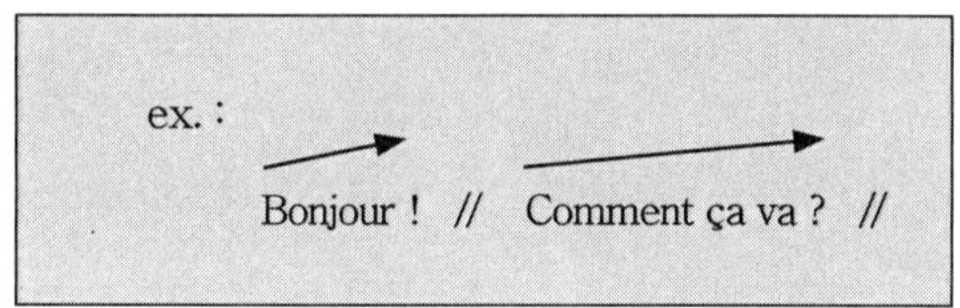

Hélène, *tranquillement* – Ce n'est pas la peine, // papa est sorti. Agnès,

sidérée – Sorti? // Mais ce n'est pas possible! //

Hélène – Il est passé par la cuisine // comme je rangeais l'armoire. //

Il a dit // qu'il allait à la poste // et qu'il attendait une lettre. //

Capucine était avec lui… // Agnès – Une lettre! //

et de qui, pour l'amour de moi? //

Lucie – Nous ne recevons jamais de courrier. //

Marie, *faisant le compte* – Si, / le catalogue des fruits et légumes, //

et puis, parfois... //

(Anne Hébert의 〈le Temps sauvage〉 중에서)

6. 다음의 자료체(corpus)를 관찰한 후 질문에 답하시오.

paix[pɛ], pore[pɔR], pur[pyR], peu[pø], pour[puR], pas[pa], pus[py],
pire[piR], pot[po], pou[pu], paire [pɛR], par[paR], peur[pœR], pis[pi]

a. 최소대립쌍이 무엇인지 예를 들어 설명하시오.

b. 언어학자들이 최소대립쌍을 사용하는 것은 무엇 때문인지 설명하시오.

7. 다음의 자료체를 읽고 물음에 답하시오.

[søbɛRʒe / mɛnseʃɛvR / pɛtRlɛRbepɛs / devɛRʒedesevɛn]

a. 위 발화체를 음절로 분리해 보시오.

b. 모음 [e]와 [ɛ]의 분포를 살펴보고 이들의 음성적 환경에서 무엇을 관찰할
   수 있는지 말하시오.

8. 프랑스어의 자음들 중에서 [+sonore], [+occlusive], [+labiale]의 자질을
   가진 것은 어떤 것인가? 그리고 그들이 서로 구별 지어지는 것은 어떤
   자질 때문인가?

9. 프랑스어의 자음들 중에서 [+occlusive]이며 [+apico-dentale]인 것은 어
   떤 것들인가?

10. 다음 음소들의 음운적 자질을 써보시오.

    - /i/
    - /ɔ/
    - /g/
    - /ʒ/
    - /l/

11. [i]와 [u]를 크게 발음해보고, 이 두 음소가 다르게 발음되는 이유에 대해
    서 이 두 모음의 변별 자질로 설명해 보시오.

12. 다음과 같은 자음을 분류하는 대립적 기준들 가운데서 프랑스어에 적용
    되지 않는 것은 어느 것인가?

    a. orales / nasales
    b. aspirées / non aspirées

c. occlusives / non-occlusives

d. sonores / sourdes

13. 철자는 다르나 발음이 같은 다음 단어들을 보고 답하시오.

a. 음소 /k/에 대응되는 철자들은 어떤 것들인가? 그리고 대표 철자(archigraphème)는 어떤 것인가?

—choc, carré, orchestre, ticket, kermesse, cinq, quotidien, accabler, acquitter, saccharine, cueillir

b. 다음 단어들에서 음소 /j/에 대응하는 철자들은 어떤 것들인지 찾으시오.

—cerfeuil, paille, pied, payer, fille, mayonnaise, faïence, attention, cahier, yaourt, hyène

c. 다음 단어들에서 음소 /ks/에 대응하는 철자들을 찾고 대표 철자가 어떤 것인지 말하시오.

—accident, taxi, excellent, saction, vaccin, action, accepter, infectieux

14. 다음 질문에 답하시오.

a. 다음에서 철자 'c'에 대응되는 음소는 무엇인가? 이 철자의 위치에 관한 규칙이 무엇인가?

−acteur, cuisine, café, créole, céleri, saucisson sec, accompagné

b. 다음을 보고 철자 'x'의 다양한 기능에 관해 말해보시오.

−syntaxe, exigence, soixante, exprimer, dixième, creux,
  thorax, perdrix, coccyx, mixte, flux, yeux, maux

형태론 (La Morphologie)
프랑스어의 단어 구조

형태론은 단어가 어떠한 방식으로 구성되어 있는지, 그리고 형태소들이 어떤 방식으로 조합되어 단어를 구성하게 되는지 등 단어의 구조를 연구하는 분야이다.

01

형태론과 형태소

한 언어를 구성하는 요소들 가운데서 우리에게 가장 익숙한 것이 단어(mot)이다. 형태론은 단어의 구조를 연구하는 언어학의 분야이다. 문자언어의 층위에서 단어는 띄어쓰기(blanc typographique) 혹은 구두점(ponctuation)에 의해 분리되는 소리의 연속체를 가리킨다. 단어가 언어를 구성하는 가장 기본적인 또는 가장 작은 단위는 아니다. 그보다 더 작은 단위가 있는데 이것이 "의미를 가진 최소의 문법 단위"로 정의되는 형태소(morphème) 혹은 기호소(monème)[7]이다. 형태론은 형태소들의 종류와 결합 방식에 대한 연구이다. 즉, 형태론은 단어가 어떠한 형태소로 구성되어 있는지, 그리고 형태소들이 어떠한 방식으로 조합되어 단어를 구성하게 되는지를 다룬다. 의미의 최소단위인 형태소는 의미를 불연속적인 단위로 나누어 주는 최소의 단위이기도 하다.

7_형태소라는 용어 대신 마르티네는 기호소(monème)로, 옐름슬레우는 어의소(glossème)라는 용어를 사용했다.

우리는 앞에서 소리 층위에서의 분절에 대해 살펴보았다. 또한 소리 층위에서의 분절과 더불어 의미 층위에서의 형태소적 분절은 인간 언어의 이중분절을 이루고 있다는 것도 알게 되었다.

형태소들 중에는 독립적으로 쓰이는 것들과 그렇지 못한 것들이 있다. 일반적으로 명사들은 홀로 쓰이는 자립형태소(morphème autonome)이다. 반면에 복수표지 *-s*나 동사어미 *-e, -es, ons, -ez, -ent* 등 등은 결코 혼자 쓰일 수 없고 반드시 다른 형태소와 결합하여 나타나야 하는데 이러한 것들을 의존형태소(morphème non-autonome)라 한다. 형태소에 이러한 자립성의 개념을 결부시키면 단어를 "최소의 자립형태소" 혹은 "최소의 자립형식"과 같이 정의할 수 있다. 이와 같은 정의에 따르면 étudiants은 형태소 étudiant과 s라는 의미단위로 나뉘지만, 프랑스어에서 복수표지 -s는 (자립)형태소가 아니므로 étudiants 전체가 단어이다. 한편 parlons과 같은 동사 활용형에서 의미의 중심이 되는 부분, 즉 '어근' parl-는 어휘형태소(morphème lexical)이며, 이 어근에 붙어서 문법적 의미를 가지는 의존형태소인 -ons 즉 '접사'는 문법형태소(morphème grammatical)라고 볼 수 있다. 어휘형태소와 문법형태소는 다음과 같이 분류된다.

〈표-1〉

어휘형태소	문법형태소
1. 어근 (bébé, livre, chance, parl-...)	1. 접사
2. 사전의 표제어	2. 일반적으로 사전의 표제어가 아님
3. 독립적으로 사용 가능	3. 독립적으로 사용 불가능
4. 개방된 목록	4. 폐쇄된 목록

단어들이 여러 개의 형태소로 분리되는 예들을 찾아보면 아래와
같다.

(1a) dresseur : dress / eur

(1b) anticonstitutionnellement : anti / constitut / −ion / nelle / ment

(1c) chantais : chant / ais (−ais는 시제, 인칭, 수에 대한 복합적인 정보를
　　담고 있다.)

예를 들어 dresseur는 dress−(/dRɛs/)와 −eur(/œR/)라는 두 개의
형태소로 분리된다. 그래서 어간 dress(/dRɛs/)를 dans(/dãs/)와 대치
하면 dans + eur (/dãsœR/)가 된다.

다른 한편으로, 음소가 다양한 이음(allophone)이 있는 것과 마찬가
지로 형태소 역시 음운 환경에 따라서 다양한 형태로 실현될 수 있다.
하나의 의미를 가진 다양한 형태의 형태소들을 이형태(allomorphe)라고
하는데 이것은 다음과 같이 두 가지로 구분된다.

① 두 형태가 환경과 무관한 상태로 교차된 분포를 보이는 경우를
　　자유 변이형(variantes libres)이라고 한다. 자유 변이형의 경우
　　지정된 환경이 없다. essayer와 같은 동사는 j'essaye, tu es−
　　sayes … 와 같이 변화하기도 하고, j'essaie, tu essaies 와 같
　　이 철자가 i로 변형되어 변화하기도 하는데, 이것이 자유 변이형
　　의 예라고 할 수 있다.

② 두 형태가 환경과 관련이 있고 상보적 분포를 보이는 경우는 결

합 변이형(variantes combinatoires)이라고 한다. 예를 들어, 3인칭 남성 대명사 혹은 정관사로 쓰이는 le는 /lə/ 외에도 l' /l/라는 이형태를 갖는다. 이것은 무음 h나 모음 앞이라는 환경에서 실현되는 이형태이다. 또한 프랑스어의 자음 c는 a, o, u 앞에 오는 경우에는 [k]로 발음되나, 그 밖의 모음 즉, i, y, e 앞에 올 때는 [s]로 발음된다. 이것 역시 특정 환경에서 실현되는 결합 변이형의 이형태이다.

02

굴절과 파생

2.1. 굴절

성, 수, 인칭, 시제 변화와 같은 문법상의 변화를 굴절(flexion)이라고 하며, 이것을 연구하는 분야를 굴절 형태론(morphologie flexionnelle)이라 한다. 프랑스어에서 굴절 접사는 접미사(suffixes)이다. 굴절 접두사는 프랑스어에 존재하지 않는다. 굴절 형태소는 새로운 어휘를 만들어 낸다. 동사 형태를 살펴보면 동사 어간에 시제와 인칭을 나타내는 접미사가 결합되어 있다.

(2a) *er-ai-chant

(2b) chant-er-ai (동사 어근-시제(futur)-인칭(1인칭, 단수))

명사의 경우에는 어간에 복수 표지가 결합된다.

(3a) *aux-chev

(3b) chev-aux (명사 어간-수(pluriel))

굴절 접미사는 명사, 동사, 형용사 등 범주의 문법적 특성을 표시해 준다. 명사와 형용사의 성(genre)과 수(nombre), 그리고 동사의 인칭(personne), 성, 수 같은 문법적 특징들이 굴절 접미사를 통해 표시되는 것이다.

(4a) 형용사 : gentil-gentille / gentils-gentilles

(4b) 명사 : ami-amie-amis-amies

(4c) 동사: je chante/ tu chantes/ il chantait/ nous chantions/ vous
   chanterez ...

2.2. 파생

단일한 자립(어휘) 형태소에서 출발하여 단일어(mot simple)를 만들어 내는 과정을 파생(dérivation)이라 한다. rapide가 복수 표지와 결합하여 복수 형태 rapides가 되는 것은 굴절이지만, rapide라는 단일 형태소에 부사 파생접미사 -ment이 결합하면 rapidement이라는 부사가 생겨나는 과정은 파생이다.

    프랑스어의 다음절어 대부분은 파생을 통해 만들어진 것들이다. 파생은 매우 생산적인 과정이어서 파생 규칙을 적용하면 위와 같이 새로운 단어들을 생성해 낼 수 있다. 파생 과정에는 접두사(préfixe)와 접미사(suffixe)가 개입된다. 파생 접미사는 일반적으로 단어의 문법적 범주를 변화시킨다.

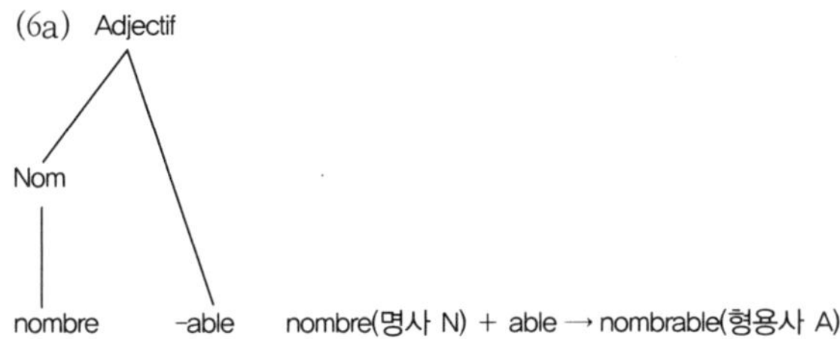

    그러나 파생 접두사는 대개의 경우 단어의 문법적 범주를 변화시키지 않는다.

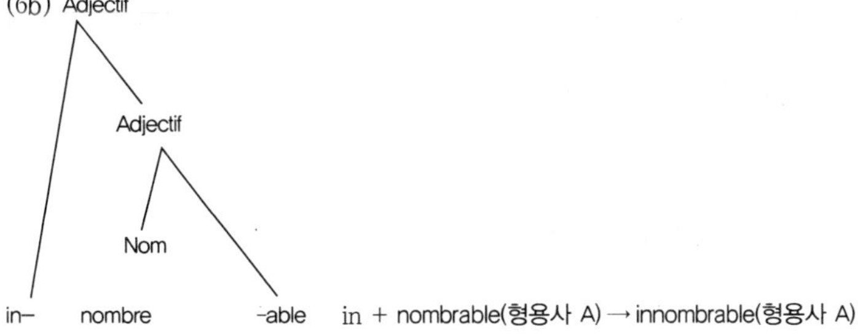

03

합성

합성(composition)은 여러 개의 단일어를 결합하여 합성어(mots composés)를 만드는 과정이다.

(7) pomme + de + terre = pomme de terre

(8) machine + à + écrire = machine à écrire

(9) sèche + cheveux = sèche-cheveux

합성어에는 내적 결합성(cohérence interne)이 있으므로 단어 내부에 어떤 다른 언어적 요소도 개입시킬 수 없다. 예를 들어 합성어 pomme de terre(감자)나 machine à écrire(타자기)는 다른 어휘가 합성어 내부에 삽입되는 것을 허용하지 않는다.

(7a) *une pomme **pourpre** de terre

(7b) une pomme de terre **pourpre**

(8a) *la machine **noire** à écrire ⟨ *la[machine [**noire**] à écrire]⟩

(8b) la machine à écrire **noire** ⟨ la[machine à écrire [**noire**]]⟩

    합성어의 의미는 그 구성 요소들의 의미를 기본으로 하여 형성된다. 동사 부정법(infinitif)과 함께 쓰인 전치사 à는 용도, 즉 '~하기 위한'의 의미를 가지므로 아래 예문 (8c)는 '글을 쓰기 위한 기계', 즉 '타자기'를 의미하는 것이다.

(8c) une machine à écrire

    = une machine pour écrire

    합성어들 중에는 그 의미가 구성요소들의 의미의 단순 집합으로 이루어지지 않고 보다 총체적인 새로운 의미를 지니게 되는 것들도 있다.

(7c) une pomme de terre

    ≠ une pomme qui est dans la terre (땅 속에 묻힌 사과)

    = une tubercule (덩이식물)

    합성어에는 다양한 유형이 존재한다. 다음에서 볼 수 있듯이 합성어 명사는 명사와 명사 혹은 동사와 명사의 결합 외에도 형용사, 전치사, 부사, 수량사의 결합을 통하여 만들어질 수 있다.

① N + P + N → N   ex) salle de bain, boîte aux lettres

② N + P + V → N   ex) salle à manger, machine à laver

③ N + N → N   ex) timbre-poste

④ V + N → N   ex) lave-linge, sèche-cheveux

⑤ V + Quantifieur → N ex) fourre-tout

⑥ A + P + Adv → N   ex) bon à rien

04
기타 단어 형성 규칙

4.1. 부분합성어

두 개의 단어에서 일부분을 발췌하여 하나의 단어로 합성해 만든 단어를 부분합성어(mots-valises)라고 한다. 이러한 조어 방식은 신어의 생성에 기여하는 바가 크다.

 (10) motel 〈 motor + hotel

   smog 〈 smoke + fog

   informatique 〈 information + automatique

   modem 〈 modulateur + démodulateur

   franglais 〈 français + anglais

   courriel 〈 courrier électronique

   famillionnaire 〈 famille + millionnaire

위와 같은 일부 부분합성어들은 어휘목록에 등재되어 있으나, 일시적으로 사용되거나 아직 미등재인 경우도 많다.

4.2. 약자합성어와 약어

약자합성어(acronyme)는 여러 단어의 머리글자를 한데 모아 한 단어처럼 발음하는 것을 말한다.

(11a) O.V.N.I 〔ovni〕: Objet Volant Non−Identifié (미확인 비행물체)

O.N.U 〔ony〕: Organisation des Nations Unies (국제연합)

최근에는 약자합성어 형식의 신조어가 생겨나기도 한다.

(11b) bobo 〈 bourgeois bohème

약어(sigle)는 다음과 같이 단어의 머리글자를 조합한 약어(대문자 약호)를 말한다.

(12a) F.M.I 〔ɛfɛmi〕: Fondation Monétaire Internationale (국제통화기금)

(12b) A.D.N 〔adeɛn〕: Acide Désoxyribonucléique (디옥시리보핵산)

(12c) S.N.C.F. 〔ɛsɛnseɛf〕: Société Nationale des Chemins de Fer Français (프랑스국유철도)

(12d) T.G.V. [teʒeve] : **Train à Grande Vitesse** (초고속전철)

약어들 가운데는 다음과 같이 외국어 단어에 기초하여 만들어진 것들도 있다.

(13a) les USA 〈 United States of America

(13b) UNESCO 〈 United Nations Educational, Scientific and Cultural Organization

4.3. 단축법

단어 형성 규칙 중에는 단어의 일부(주로 첫 부분)만 남기고 나머지는 생략하여 사용하는 방식인 단축법(troncation)이 있다. 이 방식에서는 단어의 첫 부분이나 끝부분이 생략된다. 따라서 단축법이 언제나 단어의 어근과 접사의 경계에 적용되는 것은 아니다.

(14a) convoc 〈 convocation

(14b) blème 〈 problème

대부분의 경우 단어의 뒷부분이 생략되곤 한다.

(15a) vélo 〈 vélocipède

(15b) labo 〈 laboratoire

(15c) prof 〈 professeur

(15d) doc 〈 docteur

(15e) foot 〈 football

(15f) basket 〈 basketball

단축법이 적용된 단어가 다시 새로운 단어 형성에 사용되는 경우
도 있다.

(16a) publivore 〈 publi + vore (qui affectionne particulièrement les pu-
　　　 blicités) '광고를 과도하게 좋아하는 사람'
(16b) cinéphile 〈 ciné + phile '영화팬'

4.4. 범주 전환

범주 전환(conversion)은 한 단어가 다른 문법 범주로 사용되는 것
(transcatégorisation)을 말한다. 예를 들어 명사 orange marron은 색채
형용사로 전환되어 사용된다.

(17a) une orange bien mûre (명사)

(17b) un pull orange (형용사)

(17c) marron glacé (명사)

(17d) yeux marron (형)

이러한 범주 전환이 일어날 때 가벼운 조정이 일어나기도 한다. 동사에서 명사로 전환되는 예가 그 경우에 해당한다.

(18a) nager 〉 la nage

(18b) gifler 〉 la gifle

(18c) manger 〉 le manger

(18d) goûter 〉 le goûter

(18e) déjeuner 〉 le déjeuner

05

관용 표현

프랑스어에는 관용적으로 쓰이는 다양한 합성 표현들이 있다. 관용 표현에서 사용되는 합성어들은 글자의 의미대로 해석되는 것이 아니라 고유한 관용적 의미를 갖는다. 그렇기 때문에 그러한 합성어를 구성하는 요소에 어떠한 요소를 첨삭하는 등의 변형을 일으킬 수 없다. 가령, 다음 관용 표현에서 한정사를 바꾼다거나 형용사를 첨가하는 변형을 주는 일은 있을 수 없다.

(19) casser sa pipe = mourir (죽다)

　≠ casser une pipe / ≠ casser sa belle pipe en écume

(20) briser la glace = faire cesser la contrainte (자유로운 태도를 취하다)

　≠ briser la glace de l'étang

(21) ficher le camp = s'en aller (자리를 뜨다)

(22) avoir du pain sur la planche (해야 할 일이 많다)

(23) enterrer la hache de guerre = faire la paix (화해하다)

(24) déterrer la hache de guerre (전쟁하다)

(25) tirer les marrons du feu (위험을 무릅쓰다)

(26) monter ses grands chevaux = se mettre en colère et parler
　　　avec prétention (발끈하다)

다시 말해서, 관용 표현인 casser sa pipe는 "파이프를 부러뜨리다"
와 같은 분석적인 해석이 아니라, "세상을 떠나다"처럼 총체적인 의미
를 갖는다. 위 표현들이 총체적인 의미를 갖는다는 것은 다음과 같은
통사적 변형을 통해 확인할 수 있다.

(19a) Mon grand-père a cassé sa pipe. ≠ Sa pipe a été cassée par
　　　mon grand-père.

(19b) #Qu'est-ce qu'il a cassé, mon grand-père? - Sa pipe.

(19c) #Mon grand-père l'a cassée, sa pipe.

(20a) Marie a brisé la glace. ≠ La glace a été brisée par Marie.

(20b) #Qu'est−ce que Marie a brisé? − La glace.

(20c) #Marie l'a brisée, la glace.

(23a) Les Gaulois ont enterré la hache de guerre avec les Romains.

　　　≠ La hache a été enterrée par les Gaulois avec les Romains.

(23b) #Qu'est−ce que les Gaulois ont enterré? − La hache de guerre.

(23c) #Les Gaulois l'ont enterrée, la hache de guerre!

위 (19a)에 제시된 수동문과 그 이하 #표시된 문장들은 모두 (19)에서와 같은 의미를 가지지 못한다. (19)의 관용 표현은 수동문, *qu*-의문문으로의 전환, 대명사화 같은 통사적 변형이 불가능하다. 이러한 통사적 테스트를 통하여 관용 표현이 지닌 의미적 측면에서의 내재적 결합성[8]을 검증할 수 있다.

---

[8] 구성요소들이 서로 모여 하나의 총체적 의미로 재탄생되기 때문에 통사적 조작이 불가능하다는 의미이다.

연습문제 ——————————————————*exercices*

1. 다음 단어들을 형태소로 분리하시오.

    a. commercialisation

    b. incapables

    c. blanchisseur

    d. fortement

    e. vivions (nous vivions)

2. 다음 여성형용사들의 발음기호를 잘 읽어보고 형태소를 분석해 보시오.

    a. /fRãsɛz/

    b. /blõd/

    c. /øRøz/

* 연습문제 5번-7번은 Alain Polguère, 2000, 2001, 2002, Observatoire de Linguistique Sens-Texte, Notion de base en lexicologie, http://www.fas.umontreal.ca/ling/olst에서 가져온 것임.

d. /blãʃ/

e. /ʃaRmãt/

f. /spɔRtiv/

g. /bɛl/

h. /malad/

i. /bas/

3. 아래 문장의 빈 칸에 알맞은 용어를 쓰시오.

현대적인 의미의 형태론은 단어가 의미를 가지는 최소 단위가 아니라는 사실
에 주목하여 그 연구대상을 단어에서 _____ 라는 단위로 바꾸었다는 특징을
가진다.

4. 다음의 동사들을 형태소로 분리하고, 이형태를 가지는 이 동사에 대해
   분석해 보시오.

> − sème, semons, semé ; gèle, gelons,
> gelé ; appelle, appelons, appelé

5. 다음 문장을 형태소로 분류해보시오.

  — Souvent, j'ai supposé que tout était fini pour moi, et je me terminais
  de toutes mes forces, anxieux d'épuiser, d'éclairer quelque situation
  douloureuse.

6. 다음 예문에서 명사로 사용된 manger를 파생(dérivation)의 경우로 볼 수
  있는지 논하시오. 또한 파생의 개념의 차원에서 이것이 내포하는 바가
  무엇인지 쓰시오.

  — Il n'oublie jamais d'apporter son manger car il aime trop manger?

7. 국제 연합(Organisation des Nations Unies)의 머리 글자를 합성한 ONU가
  약자합성어(acronyme)인 이유를 쓰시오.

제5장

어휘론 (La lexicologie)
프랑스어의 어휘

어휘론은 단어를 유기적인 관점에서 연구하는 학문으로 단어의 성격, 어원뿐만 아니라 단어를 특징짓는 여러 관계들을 연구한다. 또한 어휘론은 단어뿐만 아니라 하나의 언어의 어휘 총체(lexique)에 대한 체계적, 과학적 연구, 다시 말해 어휘 총체의 구조를 기술하는 학문이기도 하다.

어휘론은 단어(mot)를 연구하는 학문으로 단어의 성격, 어원뿐만 아니라 단어를 특징짓는 여러 관계들을 연구한다. 또한 어휘론은 단어뿐만 아니라 하나의 언어의 어휘 총체(lexique)에 대한 체계적, 과학적 연구, 다시 말해 어휘 총체의 구조를 기술하는 학문이기도 하다.

단어에 대한 언어학적 연구는 크게 두 가지 방법으로 접근 가능하다. 어휘-의미론적으로는 단어의 의미와 단어들 간의 의미관계를 분석하고, 어휘-형태론적으로는 단어들의 구조와 그 형태들의 관계를 분석한다. 전자의 방법으로는 의소(sème)라는 의미 단위로 단어의 의미를 나누어 분석하거나 단어들의 의미가 서로 어떻게 연결되는지를 연구한다. 후자의 방법으로는 파생, 합성과 같은 단어들의 형성관계, 고유어, 외래어와 같은 단어들의 유래관계, 유행어, 신조어와 같은 단어들의 지위에 대한 관계 등을 연구한다. 이 두 가지 방법에 의한 연구는 각각 의미론과 형태론에서 더 깊이 있게 다루도록 하고 여기서는 장(場) 이론만 다루도록 한다.

01

어휘론의 대상

1.1. 단어[9]

어휘론을 단어(mot)를 연구하는 학문으로 정의할 때 어휘론의 대상이 되는 단어란 무엇인가? 단어는 철자법에 따라 정해진 개체로, 글을 쓸 때는 여백에 의해, 말을 할 때는 휴지에 의해 구분된다. 따라서 일반적으로 단어를 정의할 때 크게 네 가지로 구분한다. 철자법상의 단어(mot graphique), 음성학적 단어(mot phonétique), 의미론적 단어(mot sémantique), 어휘적 단어(mot lexical)가 바로 그것이다.

철자법상의 단어는 두 여백 사이에 있는 일련의 글자들을 말한다. 그러나 하나의 철자법상의 단어가 문법적으로 다른 여러 단어들을 가리킬 수 있다. 그 예로 travaillais는 직설법 반과거의 1, 2인칭을 나타

9_Siouffi, G. Van Raemdonck D. (1999), pp. 132-133 참조.

낼 수 있다.

음성학적 단어는 두 휴지 사이의 일련의 소리들을 말한다. 그러나 여러 개의 철자법상의 단어가 하나의 음성학적 단어에 대응할 수 있다. 그 예로 단어 [tʀavaje]는 철자법상으로는 travaillais, travaillait, travaillaient에 해당한다. 음성학적 단어이자 철자법상의 단어인 marche 또한 형태소[10] march-의 여러 굴절 형태에 해당한다(직설법 3인칭 현재, 명령법 2인칭, 접속법 현재 1, 3인칭). 게다가 휴지는 항상 글자상의 여백과 일치하는 것은 아니다. 예를 들어 les_hôtels을 연음으로 인해 [le zo[ɔ]tɛl]로 발음되므로 철자법상의 단어와 음성학적 단어가 일치하지 않는다. 모음생략 부호를 사용하는 경우도 마찬가지이다 (l´_ami, je m´_en vais!).

의미론적 시각에서도 단어를 정의할 수 있는데, 한 문장의 내부에서 의미 전달을 하는 언어 단위는 바로 단어라는 것이다. La table est ronde라는 문장에서 table를 그 예로 들 수 있다. 이 의미의 단위가 철자법상의 단위와 일치하는 경우도 있지만, 여러 개의 철자법상의 단어들이 하나의 의미론적 단어에 해당할 수도 있다. 일반적으로 합성어가 이에 해당한다. 예를 들어 pomme de terre는 철자법상 세 단어로 이루어져 있으나 의미론적으로는 한 단어라고 할 수 있다. 이 밖에도 avant-porte, après-midi, tout d'un coup 등을 들 수 있다.

어휘적 단어 또는 어휘소(lexème)는 사전의 표제어로 쓰이는 것으

10_형태소의 정의는 제4장 형태론 참조.

로 가능한 모든 형식상의 변화가 없는 철자법상의 단어의 기본 형태로 나타난다. 따라서 형용사는 남성 단수로, 동사는 원형으로 표시된다.

그렇다면 단어는 가장 작은 의미 단위인가? 기능주의 언어학자들이 어구(syntagme)와 형태소(morphème)의 개념을 발전시킨 후, 많은 언어학자들이 단어의 개념이 타당한지에 대해 회의를 품기 시작했고 품사 분류에 단어의 개념을 이용하는 것을 비판했다. 위치나 억양 같은 요소들은 중요하게 생각되지 않았으나 이것들은 단어가 가지고 있는 특성과 같은 특성을 띨 수도 있다. 예를 들어 me, te는 직접 목적보어일 때나 간접 목적보어일 때 형태가 같으므로 위치에 의해 구분이 된다.

(1a) Tu **me** rappelles. (직접 목적보어) / Tu **me** le donnes. (간접 목적보어)

(1b) Je **te** rappelle. (직접 목적보어) / Je **te** le donne. (간접 목적보어)

단어가 최소의 의미 단위가 아니라면 최소의 의미단위는 무엇인가? 단어에는 여러 층위가 포함되어 있어서 하나의 어휘소뿐만 아니라 다양한 문법 정보가 들어 있다.

(2) La mère de la fille a souri.

위의 문장에서 주어는 단어 mère가 아니라 어구(여기서는 명사구) la mère de la fille이고 mère는 주어인 어구의 중심에 놓여 있을 뿐이다.

또한 des가 전치사 de와 정관사 les가 합쳐진 축약관사일 때 des를 어디에 분류할 것인지, 이것을 하나의 단어로 보아야 할 것인지 답하기 어려운 상황에 부딪히게 되는 경우도 많다.

이런 비판과 자문이 다른 형태의 의미 단위를 찾도록 했고 현재에는 형태소를 단어보다 언어학적으로 더 적합한 최소 의미 단위로 인정하고 있다.

1.2. 어휘 총체

그렇다면 어휘론의 또 다른 대상인 어휘 총체는 무엇인가? 한 언어의 화자는 저마다 수많은 단어들을 가지고 있다. 어떤 말들은 매일 사용하지만 또 어떤 말들은 글을 쓸 때나 말할 때 아주 가끔 사용하게 된다. 이렇게 화자마다 가지고 있는 단어가 다른데, 각 화자가 가지고 있는 단어의 집합을 '개인의 어휘'(vocabulaire)라고 하고 이 모든 개인의 어휘들을 아우르는 가상의 전체 집합을 어휘 총체(lexique)라고 한다. 그 어떤 화자도 자신의 언어의 어휘 총체 전체를 가지고 있지는 않기 때문에 어휘 총체를 한 언어의 모든 단어의 '가상의' 전체 집합이라고 하는 것이다. 따라서 어휘론은 어느 한 언어의 어휘 총체를 구성하는 개인의 어휘들에 관한 연구라고 할 수 있다.

대부분의 언어의 어휘 총체는 혼합적이고 이질적이다. 외국어 어원의 단어들이 있는가하면 여러 종족의 언어를 어원으로 하는 단어들도 있다. 이런 외래어들은 그 나라 언어에 동화되는 경우가 자주 있다.

예를 들어 영어의 zap(리모컨으로 텔레비전의 채널을 획획 바꾸다)는 프랑스어에서 zapper라는 파생어를 만들었고 영어의 zapping(채널 돌리기)은 프랑스어에서 그대로 사용되고 있다.

하나의 단어는 공시태에서 정의된 구조 안에서만 의미를 얻는다. 따라서 어휘론자들이 연구하고 기술하려는 것은 바로 이런 구조들이다. 이를 위해 어휘론자들은 기본이 되는 세 개의 장(場)에 대해 연구한다. 형태론적 장(champ morphologique), 개념장(champ notionnel), 의미장(champ sémantique)이 바로 그것이다.

02

장 이론

2.1. 형태론적 장

형태론적 장(champ morphologique)은 파생의 장(champ dérivationnel)이라고도 불린다. 형태론적으로 기저로 사용되는 어느 한 단어에서 출발하여 그 단어와 형태론적으로 연관된 단어들을 알아보는 것이다. 예를 들어, lune는 lunaire, lunatique, alunir, lunaison 등과 형태론적으로 연결되어 있다. 뿐만 아니라 같은 어간을 가진 단어들(chant- : chanter, chanteur, chantable...), 같은 접두사를 가진 단어들(dés-: dés-agréable, désapprouver, désarmer...), 같은 접미사를 가진 단어들(-eur : menteur, voleur, chanteur, directeur...)을 모아볼 수 있다.

2.2. 개념장

한 단어의 개념장(champ notionnel)은 두 가지 방법으로 접근할 수 있다. 첫 번째 방법은 언어 외적 세계에서 출발하여 기의들의 주요 분야들을 추출하고 해당 분야에 존재하는 모든 기표를 배치시키는 것이다. 이 경우 여러 문법 범주의 단어들(명사, 형용사, 동사 등)이 포함될 수 있다. 예를 들어 'ferme'의 개념장을 살펴보면 관련된 사람들로는 fermier, paysan, valet de ferme 등이 있고, 관련 건물로는 maison, grange, écurie, 관련 동물로는 chien, poule, vache, cheval 등, 농기구로는 tracteur, charrue, fourche, 경작물로는 blé, colza, luzerne, 관련 활동으로는 labourer, sarcler, semer 등을 들 수 있다. 이 방법은 어휘장(champ lexical)이라고도 불린다.[11]

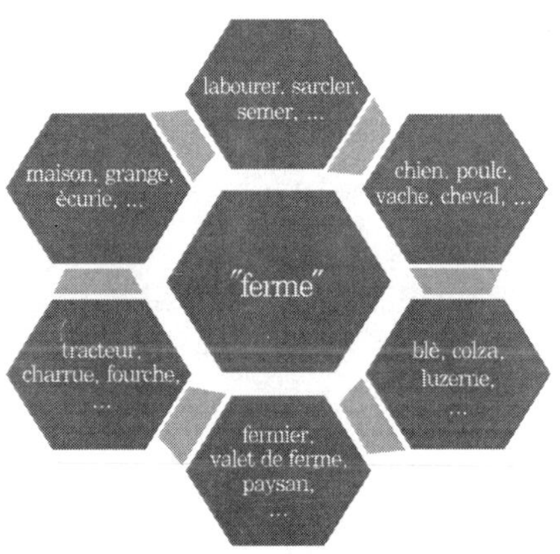

【그림-1. ferme의 개념장】

11_Robert, J.-P. (2008) 참조.

두 번째 방법은 추출된 기표들에서 출발하여 기의들의 구조를 밝혀내는 것이다. 그 예로 '여성의 조건'의 개념장을 들어보자.

〈표-1. femme의 개념장〉[12]

"FEMME"	condition personnelle	âge		une gamine, une fillette, une jeune femme, …
		état		une vierge, une femme
	condition familiale	famille		une soeur, une cousine, une tante, …
		mariage	état	célibataire, mariée, veuve, divorcée, …
			appellation	madame, Mme, mademoiselle, épouse X, …
		maternité		une mère, une maman, une maman-célibataire, …
		…		…
	condition sociale	métier		une dactylo, une perfo, une prof, …
		appellation		Madame la Directrice, Madame le Ministre, …
		origine		une Française, une Arlésienne, …
		état		une dame, une fille du peuple, une bourgeoise, …
		…		…

12_Eluerd, R. (1993), p.138 참조.

이 두 경우에서 볼 수 있듯이 이것은 아주 방대한 연구이고 공시적으로 접근하여야 한다. 왜냐하면 시대에 따라 사용되는 어휘가 달라 어느 한 시대에 사용되던 어휘가 다른 시대에서는 사용되지 않거나 같은 위치를 차지하지 않을 수 있기 때문이다.

2.3. 의미장

한 단어의 의미장(champ sémantique)을 연구하는 것은 그 단어의 모든 용법을 연구하는 것이다. 이런 작업을 통해 예를 들어 동사 tourner의 모든 용법을 설명할 수 있어야 한다.

(3a) tourner la page. (책장을 넘기다)

(3b) tourner à droite. (오른쪽으로 돌다)

(3c) tourner la salade. (샐러드를 섞다)

(3d) tourner un film. (영화를 찍다)

그런데 개념장과 의미장을 혼동해서는 안 된다. 예를 들어 automobile의 개념장에서는 rouler가 accélérer, ralentir, démarrer 등과의 관계하에 놓이게 되지만 의미장에서는 Ma voiture roule bien(내 차는 잘 달린다), Il roule des mécaniques(허세를 부리다), Il se les roule(할 일 없이 빈둥거리다), J'ai roulé ma pelouse(잔디밭을 롤러로 다지다), J'ai été roulé(나는 속았다), Le bateau roule fortement(배가 좌우로

심하게 흔들린다)…등에서 쓰이는 rouler의 모든 용법이 연구 대상이 되기 때문이다.[13]

지금까지 살펴보았듯이, 개념장과 의미장 연구는 무엇보다 다의관계와 동의관계에 관한 문제를 제기하는데 이에 대해서는 의미론에서 다루도록 한다.

13_Ibid., p.137.

연습문제 ————————————————————— *exercices*

1. 아래 문장의 빈 칸에 알맞은 용어를 쓰시오.

음운론에서 소리의 단위를 음소(phonème)라고 하는 것처럼 어휘론에서 어휘 의미를 ______ 라고 부르는데, 이를 이루는 변별 자질을 _______ 라고 부른다.

2. 사전적 정의의 도움으로 다음 단어들의 의소를 분석, 비교해보시오.

— averse, bruine, grain, giboulée, orage

3. 다음은 접두사 'dé'와 'in/im'으로 이루어진 단어들인데, 이 단어들이 모두 désobéissant/obéissant과 같이 접두사가 반의적인 의미를 가지는 접두사로 사용되었는가?

— désobligeant, désabuser, impatient, imprévu, innocent, invraisemblable, infirme, imprévoyant, inquiète, infâme

* 연습문제 5번은 Gardes-Tamine, J. (1998)에서 발췌. 6번과 7번은 Alain Polguère, 2000, 2001, 2002, Observatoire de Linguistique Sens—Texte, Notion de base en lexicologie, http://www.fas.umontreal.ca/ling/olst에서 가져옴.

4. 다음의 랭보의 시의 첫 행을 〈aube〉의 개념장과 의미장으로 설명해
보시오.

"J'ai embrassé l'aube d'été." (A. Rimbaud, 〈Aube〉)

5. 다음은 Bobby Lapointe의 샹송 <Mon père et ses verres>에서 일부분을
발췌한 것인데, 여기서 말장난(jeux de mots)을 찾아보고 메커니즘을 분
석해보시오.

Mon père est marinier

Dans cette péniche

Ma mère dit la paix niche

Dans ce mari niais

Ma mère est habile

Mais ma bile est amère

Car mon père et ses verres

ont les pieds fragiles

6. 아래 예문에서 굵은 글씨로 표시한 두 표현이 어떠한 점에서 다른지 설
명하시오.

a. Il s'est **cassé la jambe** en tombant.

b. Il s'est **cassé la tête** pour résoudre ce problème.

7. 아래 예문 (a)에서 casser un jugement이 예문 (b)의 casser du sucre sur le dos de quelqu'un('어떤 사람에 대해 흉을 보다'의 의미)과 같은 동사 관용구(locution verbale)가 아닌 까닭을 설명하시오.

a. La Cour d'Appel a cassé le jugement condamnant Jules à quinze ans de prison.

b. C'est pas sympa de casser du sucre sur le dos de ta collègue.

제6장

통사론 (La Syntaxe)
프랑스어의 문장 구조

통사론은 문장 내에서 단어들이 결합하는 방식에 관한 연구로 문장 성분들 간 결합 방식과 관계를 밝혀내는 이론이다.

언어학적 관점에서 통사론은 문장 내에서 단어들의 배열 순서(ordre des mots), 문법적 범주 혹은 품사(parties du discours), 문장 구성 요소의 문법적 기능(fonctions grammaticales) 등과 같은 사항들을 주로 다룬다.

01

단어들의 배열 순서

문장을 구성하는 단어들은 무의미하게 나열된 것이 아니다. 문장에는 다음과 같이 적법한(acceptable) 문장과 그렇지 않은(inacceptable) 문장이 있다.

(1a) Jean aime le cinéma.

(1b) *aime le cinéma.

(1c) *aime Jean le cinéma.

위 예문 (1b), (1c)의 좌측 상단에 있는 * 표시는 문장이 비문법적임을 나타낸다. 프랑스어 문장에서는 (1b)에서처럼 평서문에서 필수 성분인 주어가 빠지거나 (1c)에서처럼 구성요소들 간의 어순이 잘못되면 비문이 된다. 이것은 단어가 결합하여 문장을 구성하는 방식에 제약이 있음을 보여주는 것이며 이러한 문장 성분들 간 결합 방식과 관계를 밝혀내는 것이 통사론이다.

또한 프랑스어에서는 단어들의 어순이 문장의 의미를 결정하는 중요한 요인이기도 하다.

(2a) Le chien a mordu Mina.

(2b) Mina a mordu le chien.

위 두 문장은 동일한 단어들로 구성되어 있다. 그렇지만 이 두 문장의 의미에는 커다란 차이가 있으며 이 의미적 차이는 단어들 자체의 차이가 아니라 이들이 배열된 순서의 차이에서 기인하고 있다.

그렇다면, 다음 문장들의 의미를 생각해 보자.

(3a) Les jumelles grossissent.

(3b) La belle porte le voile.

이 문장들은 한 가지로 해석되지 않는다. (3a)에서 주어인 les jumelles이 '쌍둥이 자매'라는 의미로 해석되면 이 문장은 '쌍둥이 자매가 살이 찐다. Les jumelles prennent du poids'로 해석될 것이고, 그 주어가 '쌍안경'을 가리키는 경우라면 grossir가 'augmenter la puissance de vision'의 뜻으로 해석되어 전체 문장은 '쌍안경의 배율을 (더 잘 보이도록) 높인다'는 의미가 될 것이다. 이는 어휘적 중의성에 해당하는 것으로 명사 jumelles과 동사 grossir가 가지는 중의적인 의미에서 기인하는 문장의 중의성을 나타내고 있다. 마찬가지로 예문 (3b)도 그것의 구성요소를 '관사–명사–동사–관사–명사'로 보는지(미녀가 베일을 쓰고 있다) 아니면 '관사-형용사-명사-대명사-동사'로 보는지 (아름다운 문이 그것을 가린다)에 따라 달리 해석된다.

다음과 같이 통사적 차원에서 중의적인 문장들도 있다.

(4) Elle reçoit une vase de Chine.

(5) Pierre demande à Jean de partir.

예문 (4)는 de Chine이 문장의 동사 reçoit와 관련되는지, 아니면 목적어인 une vase와 관련되는지에 따라 다른 해석을 갖는다. (5) 역시 중의성을 보이는 문장으로, partir의 의미상의 주어가 문맥에 따라서 Pierre가 될 수도 있고, Jean이 될 수도 있으며, 경우에 따라서는 Pierre와 Jean이 될 수도 있다. 이 문장들의 중의성은 각각 다음과 같이 나타낼 수 있다.

(4a) Elle [reçoit [une vase] de Chine].

(4b) Elle reçoit [une vase [de Chine]].

(5a) Pierre demande à [Jean [de (Jean) partir]]

(5b) Pierre demande à Jean [de (Pierre) partir]

(5c) Pierre demande à Jean [de (Pierre et Jean) partir]

이상에서 본 예문들에서는 동일한 단어들이 동일한 어순으로 쓰였지만 두 가지 의미로 해석되었다. 이와 같이 동일한 문장이 보이는 중의성을 어순만으로 설명할 수 있을까? 한 문장 혹은 구를 구성하는 단어들의 관계를 어떻게 설정하는가에 따라 그 문장 혹은 구는 다른 뜻을 가지게 된다. 다음 예문을 살펴보자.

(6a) le père et le fils vieux.

(6b) la crainte de l'ennemi.

이 두 구 모두에는 중의성이 있다. 이 예문들의 의미는 (6a)에서는 le père et le fils와 형용사 vieux의 관계가 어떻게 설정되는가에 따라 달라진다. vieux가 le père et le fils 전체 명사구를 수식할 때와 바로 앞에 있는 명사인 le fils만을 수식할 때가 다른 것이다. 이와 같이 수식성분이 어떤 피수식성분과 어떤 관계를 맺고 있는가를 보여주는 것은 구의 구조의 차이에서 기인하는 구조적 중의성에 해당한다. 한 문장이나 구를 구성하는 요소들은 단순히 선형적 순서로 이루어진 것이 아니다. 구성 성분들의 관계에 따라 다양한 내적 구조를 가질 수 있는 것이다. le père et le fils vieux 에서와 같이 le père, le fils, vieux 세 개의 주요 성분은 다음과 같이 세 가지 구조로 표현될 수 있다.

(7)

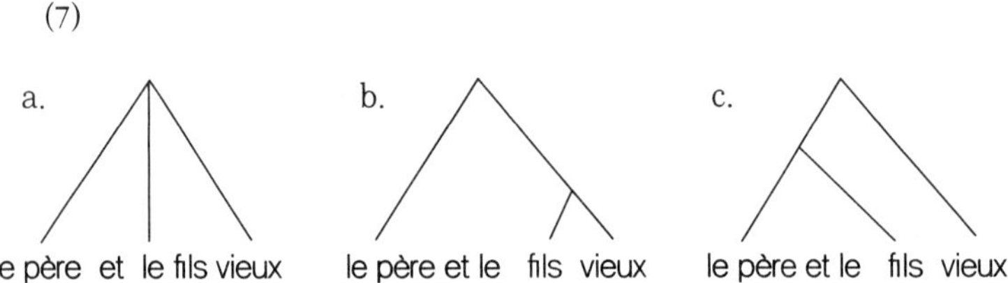

이 세 개의 구조는 구성성분들이 맺을 수 있는 세 가지 관계를 나타낸다. (7a)가 보여주는 선형적 구조는 구성성분들을 순서에 따라 나열한 것으로 사실상 그 성분들 간의 계층적 관계를 보여준다고 볼 수 없다. 반면에 (7b)와 (7c)의 구조는 세 개의 구성성분들 간의 관계를 나타내 준다. (7b)에서는 수식하는 요소 vieux가 병치된 명사들 중 le fils만을 수식하고 있어서, 현실의 상황과는 동떨어진 해석이지만 〔le père et [le fils vieux]〕의 구조를 이루어 '아버지와 늙은 아들'로 해석되어야 하고, (7c)에서는 수식어 vieux가 하나의 단위를 이루는 le père et le fils 전체를 수식하고 있으므로, 〔[le père et le fils] vieux〕와 같은 구조를 이루어 '늙은 아버지와 늙은 아들'의 의미를 가지게 된다.

지금까지 본 바에 의하면, 문장의 구조는 단어들의 배열 순서뿐만 아니라 단어들 간의 계층관계를 고려하여 파악할 수 있으며, 구조를 파악함으로써 중의적 문장이 가질 수 있는 의미의 차이를 설명할 수 있다. 이렇게 문장 성분의 구조적 관계를 고려하는 문법을 구조 문법(la grammaire structurale)이라고 한다.

위와 같이 문장 성분들의 구조적 관계를 명시적으로 보여주는 그림을 수형도, 혹은 나무그림이라고 한다. 나무그림에서 하나의 단위를 이루는 문장 성분들을 '구성성분(constituants)'이라 하고, 구성요소들을 이루는 성분들을 '직접구성성분(constituants immédiats)'이라고 한다. 위 (7b)에서 하나의 구성성분인 le père et le fils vieux의 직접구성성분는 le père와 le fils vieux이며, le fils vieux의 직접구성성분은 le fils와 vieux이다. (7c)에서 이 구의 직접구성성분은 le père et le fils와

vieux이고, le père et le fils의 직접구성성분은 le père와 le fils가 된다. 이렇게 구성성분과 직접구성성분을 분석하는 방식에 따라 구조의 중의성이 결정되는 구조 문법은 어순 문법으로 설명하지 못했던 중의성의 문제를 설명해 준다. 이런 의미에서 직접구성성분 분석[14]을 적용하는 것의 장점은 문장의 계층구조를 설명할 수 있다는 점이다. 나무그림은 문장의 어순과 계층구조를 문장 성분들 간의 전후관계(précédence)와 관할관계(dominance)로써 나타낸다. 나무그림의 구성성분들의 좌우는 전후관계이고 상하는 관할관계를 나타내는 것이다.

14_05 분포주의 통사론 참조.

02

문법범주와 구

전통문법에서 문장을 구성하는 단위는 단어이며 이 단어가 통사적 기능을 담당한다고 본다. 그러나 실제로 문장 내에서 통사적 기능을 담당하는 단위는 명사, 형용사, 동사 등의 개별 단어를 중심으로 형성된 단어군인 구(句, syntagme)이다. 이처럼 단어가 아닌 단어군, 즉 구가 통사적 기능을 수행하는 것으로 보는 것을 구 분석(analyse syntagmatique)이라고 한다.

(8) Le frère de Paul possède une voiture rouge.

위 문장에서 Le frère de Paul과 une voiture rouge는 각각 문장의 주어와 직접 목적보어 기능을 담당하는 명사구(syntagme nominal)이다. 각각의 구는 명사, 형용사, 동사 등의 핵어(noyau 혹은 tête)를 중심으로 구성되며 이들 핵어는 각각 명사구 SN(Syntagme Nominal), 형용사구 SA(Syntagme Adjectival), 동사구 SV(Syntagme Verbal)를 이루고 문장 내에서 특정 기능을 담당한다. 그 외의 문장구성성분들도 마찬가지로 전치사구 SP(Syntagme Prépositionnel), 절을 이끄는 보충어(complémenteur)가 형성하는 구 SC(Syntagme Complémenteur)를 이루고, 최근에는 명사에 선행하는 한정사, 그리고 동사 형태를 결정짓는 문법적 자질인 시제(temps)와 같은 요소도 하나의 구를 형성하여 각각 한정사구 SD(Syntagme Déterminant), 시제구 ST(Syntagme Temporel)를 이루는 것으로 보기도 한다.

03

문장의 구조와 문법적 기능

문장은 주어와 서술어로 구성된다. 주어는 주로 명사구이고 서술어는 주로 동사구가 되는데 문장 P(phrase)를 구성하기 위해서는 명사구를 주어로 정하고 그것을 서술어인 동사구와 결합시킨다.

3.1. 구 구조규칙

이러한 과정은 다음과 같이 2가지 규칙으로 나타낼 수 있으며 이것을 구 구조규칙(règles syntagmatiques) 혹은 다시쓰기규칙(règle de réécriture)이라고 한다.

(i) Phrase → SN SV '문장은 명사구와 그 뒤에 나타나는 동사구로 이루어진다.'

(ii) SV → V SN '동사구는 동사와 그 뒤에 나타나는 명사구(SN)로 이루

어진다.'

　화살표 왼쪽에 있는 항에는 문장(Phrase) 혹은 명사구(SN), 동사구(SV), 형용사구(SA) 등의 범주가 오며 화살표 오른쪽에 이러한 범주를 구성하는 요소들이 오게 된다. 화살표 왼쪽에 오는 범주는 화살표 오른쪽 요소들로 '구성된다' 혹은 '다시 쓰인다'는 것을 나타내는 방식이다. 이처럼 직접구성성분 분석을 다시쓰기규칙을 사용하여 나타내는 것을 문맥자유문법(Grammaire indépendante du contexte)이라고 하는데, 이러한 문법 모델은 언어 계층구조를 적절히 나타내는 데 한계가 있다.

　구 구조규칙을 활용하여 문장을 구성하는 주어와 서술어 사이에 존재하는 계층구조를 다음과 같은 나무그림으로 나타낼 수 있다.

(9)

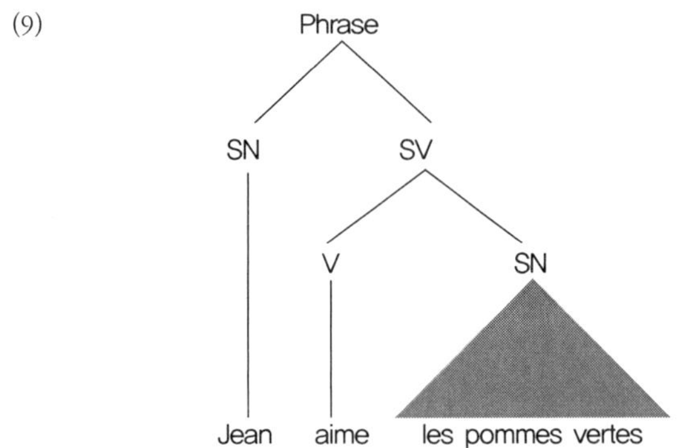

　이 구조에서 동사구 SV의 내부구조는 위 규칙 (ii)에 나타난 것처럼 동사(V)와 목적어 명사구로 이루어져 있다. 이것은 동사구가 내부

에 동사와 그 목적어를 포함하고 있음을 나타내며, 외적으로는 주어 명사구와 결합하여 문장(Phrase)을 형성한다는 것을 나타낸다. 명사구 아래의 삼각형 모양은 SN을 간략하게 나타내는 기호이며, 어구가 2개 이상의 단어로 구성되어 있음을 나타내 준다. 문장을 구성하는 한 성분의 계층구조를 자세히 표시하지 않는 경우에 이러한 삼각형 기호로 나타내 주면 되는 것이다. 위 문장의 경우, 목적어에서 명사는 pommes이고 명사구는 les pommes rouges이며, 이것을 구성하는 요소는 한정사(les), 명사(pommes), 형용사(rouges)이다. 위 문장에서 고유명사인 Jean은 다른 수식 요소 없이 단독으로 명사구를 구성한다. 이와 같이 한 개의 단어가 그 자체만으로 구(syntagme)의 지위를 가지는 경우에는 나무그림 구조 말단의 통사 범주에서 아래로 실선을 그려 그 밑에 단어를 적어준다.

구 구조규칙은 문장 성분들이 하나의 문장을 이루기까지 일정한 순서에 따라 적용된다. 예를 들어 하나의 문장을 생성하기 위해서는 아래 (i)과 (ii)의 뒤를 이어 동사구에 내포된 SN의 구 구조규칙 (iii)이 적용되는 것이다.

(i) Phrase → SN SV

(ii) SV → V SN

(iii) SN → Dét N Adj

규칙 (i)과 (ii)가 적용된 후에 SN-Verbe-SN의 연사체(suite)가 생성되고, 여기에 (iii)의 규칙이 적용되면 Nom-Verbe-Dét-Nom-

Adjectif의 연사체가 생성된다. 이와 같은 연사체가 생성되고 나면 더 이상의 구 구조규칙이 적용될 수 없도록 마지막 남겨진 통사적 범주 N, V, A 등에 이르러 실제 문장에서 사용되는 단어를 넣는다.

3.2. 하위범주화와 선택제약

우리는 두뇌 속에 있는 어휘 저장고 안에서 명사, 형용사, 동사 등에 속하는 단어를 가져다 필요한 경우에 사용한다. 우리는 우리가 알고 사용하는 단어들이 이들 중 어느 범주에 속하는지 직관적으로 알고 있다. 가령, enfant, livre, orange와 같은 단어들은 명사로, arriver, manger, travailler 등은 동사로, beau, petit, merveilleux 같은 단어들은 형용사로 분류할 수 있다. 여기에는 하위범주화(sous-catégorisation)의 개념이 도입된다. 범주(catégorie)는 인식 부류를 나타내는 개념으로, 문장 구조에서는 명사, 동사, 형용사, 전치사 등과 같이 품사의 명칭으로 사용된다.

하나의 범주는 그것이 지닌 특성에 따라 여러 가지 하위 범주로 분류된다. 하위 범주란 단어가 가지는 어휘적 정보를 말한다. 동사의 하위 범주를 예로 살펴보자. 동사는 문장 내에서 몇 개의 명사구와 결합할 수 있는지에 따라 분류된다. 따라서 동사는 자동사와 타동사로 구별되며, 타동사의 경우에는 목적어가 한 개인지 두 개인지에 따라 구분될 수 있고, 때로는 내포절을 목적어로 취하는 경우도 있다. 아래 예문에서 밑줄로 표시된 부분은 동사의 위치를 나타낸다.

partir : V,　SN ＿＿＿　　　　　Il part.

acheter : V,　SN ＿＿＿ SN　　　On achète des livres.

donner : V,　SN ＿＿＿ SN à SN　Elle donne un livre à Jean.

savoir : V,　SN ＿＿＿ Phrase　　Tout le monde sait que la
　　　　　　　　　　　　　　　terre est ronde.

그 밖의 개별 품사들에도 이와 같은 하위범주를 설정할 수 있다. 형용사의 예를 살펴보면, 상태 형용사(adjectif statif)와 비 상태 형용사 (adjectif non-statif)로 구분할 수 있다. 상태 형용사는 영구적 속성을 나타내며, 비 상태 형용사는 일시적 속성을 나타낸다.

grand : A〔+statif〕, SN être ＿＿＿＿＿ Ils sont grands.

gentil : A〔-statif〕, SN être ＿＿＿＿＿ Tu es très gentil.

하위범주화는 어휘와 관련된 규칙을 설정하는 데 필수적인 과정이며, 비문법적 문장이 생성되는 것을 피하기 위해서도 필요하다. 하위범주화가 가져오는 제약으로는 선택제약(contrainte sélectionnelle)이 있다. 예를 들면, 동사 manger의 하위범주화 과정에서 주어 명사구와 목적어 명사구가 선택되는데, 다음과 같은 제약이 따른다.

manger : SN1 ＿＿＿ SN2　　　SN1 (Sujet) = 〔+N〕, 〔+animé〕

　　　　　　　　　　　　　SN2 (Objet) = 〔+N〕, 〔+solide〕,

　　　　　　　　　　　　　　　　　　　〔+comestible〕

다시 말해서, manger의 주어로는 반드시 유정 명사 혹은 그러한 지시대상을 가리키는 대명사가 선택되어야 하며, 목적어로는 '단단하고', '먹을 수 있는' 대상을 가리키는 명사가 선택되어야 한다는 제약이 따른다. 단, manger가 자동사로 쓰이는 경우에는 목적어 명사구 SN2가 생략된다.

이러한 선택제약에도 문제점이 따르는데, 가령 은유가 사용될 때는 선택제약이 적용되지 않는다.

(10a) Max a mangé sa fortune. (Max는 재산을 탕진했다.)

(10b) La barbe mange le visage de Max. (수염이 Max의 얼굴을 가린다.)

예문 (10a)에서 manger의 목적어로 쓰인 명사 fortune는 [−solide], [−comestible]이지만 이 문장은 정문이다. 또한, 예문 (10b)에서 manger의 주어 명사구로 선택된 la barbe는 [−animé]의 특성을 지니고 있어서 이 동사의 주어로 부적격이라고 볼 수 있지만 이 문장 역시 정문이다. 이 두 문장에서는 동사 manger가 은유적으로 사용되었기 때문이다.

아래의 예문 (11a)와 (11b)의 경우에는 동사 의미에 따른 선택제약이 잘 지켜졌지만 모두 비문법적인 문장이다. (11a)는 통사적인 제약은잘 지켜졌지만 의미적 비문이고, (11b)는 의미적으로는 문제가 없지만 통사적으로 비문이다.

(11a) #Le silence vertébral indispose le voile licite. (척추의 침묵이 적

법한 돛을 불편하게 한다.)[15]

(11b) #Moi vous faire rire! (내가 당신을 웃긴다.)

문장 및 통사 범주의 계층성은 다음과 같은 나무그림 구조로 나타
내어진다.

(12)

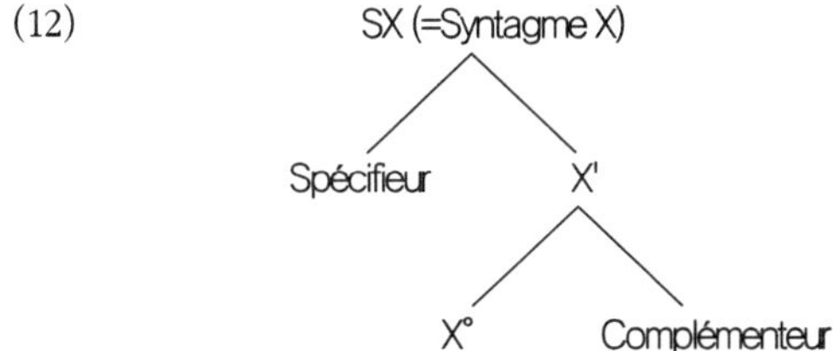

이러한 범주의 계층구조는 촘스키(Avram Noam Chomsky, 1928-)의
수정확대 표준이론에서 X-바 이론(Théorie X-barre)으로 소개된다. 위
구조에서 어떤 범주 X가 이루는 구 SX(Syntagme X)의 내부 구조에는
X'(X-barre)의 중간 층위가 포함되어 있고, 이 층위를 중심으로 좌측에
오는 요소는 어구의 지정어(Spécifieur)이며, 그 하위 계층을 구성하는
X°와 Complémenteur는 각각 머리어 혹은 핵어(tête)와 보충어로 불
린다. 하나의 구(syntagme) 내에서 단일 어휘가 X°이며 이 요소가 X'
층위를 거쳐 구 SX로 투사된다고 본다.

15_통사적으로 하자가 없으면서 현실적으로 의미가 통하지 않을 때는 * 표시를 사용하지 않고 #를
  사용한다.

SN과 SA 같은 개별 통사 구조는 다음과 같이 X-바 구조로 나타낼 수 있다.

(13)   a.

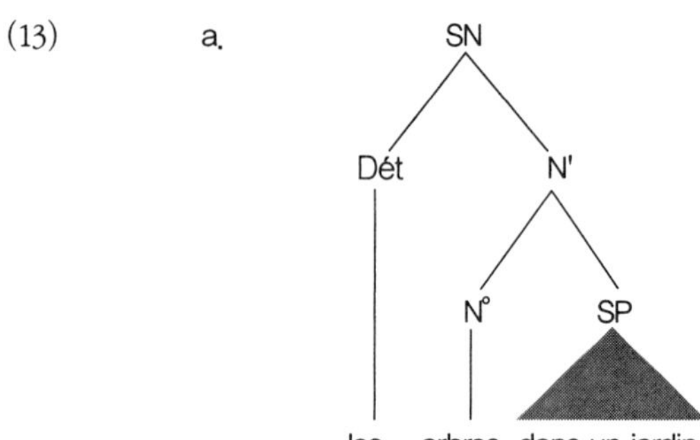

b.

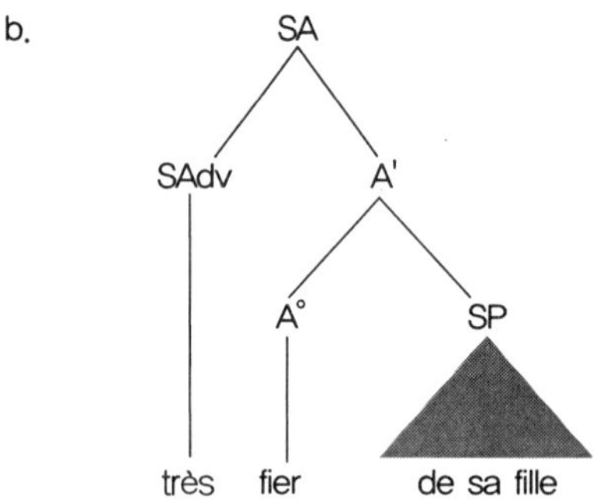

동사가 목적어로 내포절을 취하는 경우의 동사구(SV) 내부는 다음과 같다.

(14)

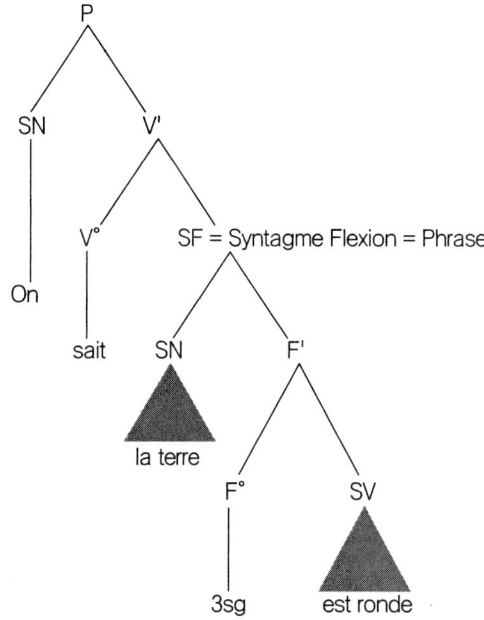

이와 같은 나무그림 구조를 통하여 개별 단어의 사전 정보인 하위 범주화 정보에 의거한 통사범주들 간의 계층구조를 표현할 수 있다.

04

의존문법

테니에르(Lucien Tesnière, 1893-1954)는 문장을 구성하는 단어들 간에는 의존관계(rapports de dépendance)가 존재한다고 보고 스테마(stemma)라고 하는 도식을 통해 그 관계를 설명하고자 하였다. 스테마 분석(analyse stemmatique)에서는 문장에서 가장 중요한 요소가 동사이므로, 동사가 문장의 가장 상위 마디에 있으면서 주어를 지배하고, 다음과 같이 주어 명사구 내의 명사는 한정사를 지배한다.

(15) Pierre chante.

chante (중심요소)
|
Pierre (부속요소)

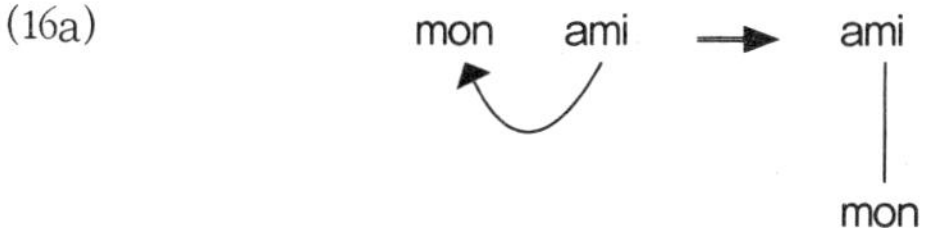

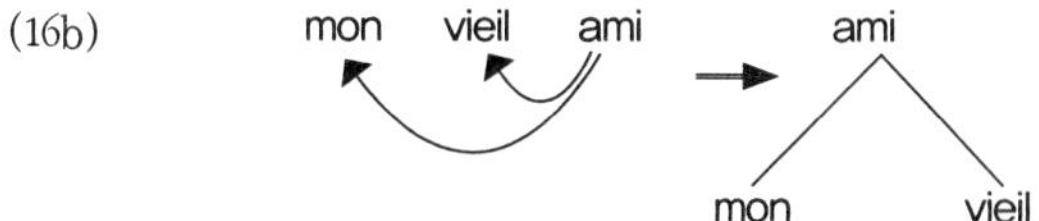

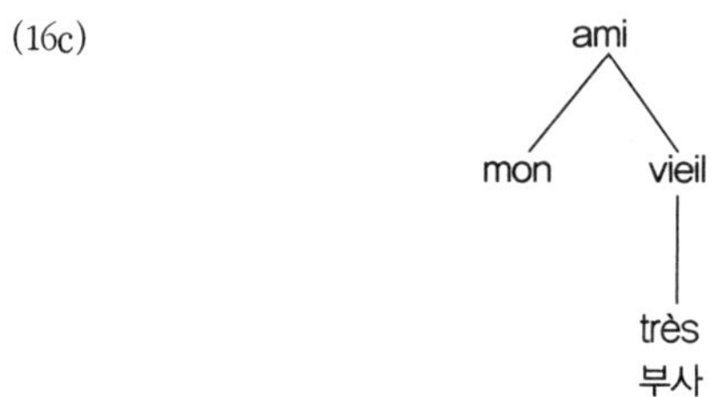

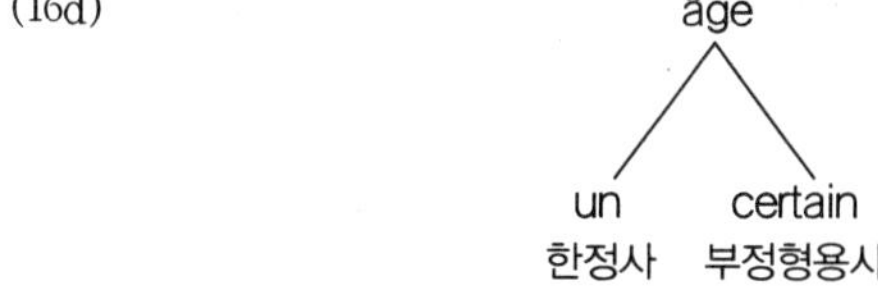

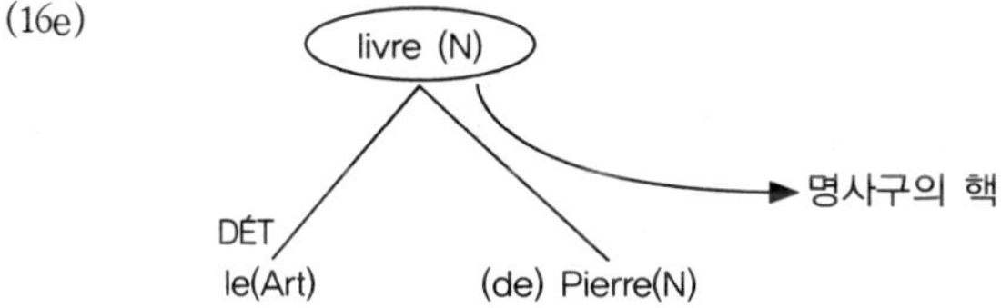

주어와 서술어 관계

스테마 분석의 가장 큰 특징 중 하나는 위 도식처럼 주술관계 (prédication)를 문장을 구성하는 관계로 보지 않는다는 것이다. 의존

문법(la grammaire de dépendance)에서는 술어를 스테마에서 중심 마디
(noeud central)를 점유하는 핵심 단위로 간주하여 주어도 동사의 보어
와 마찬가지로 취급하여 다음 그림에서처럼 동사의 하위부류로 나타
낸다.

(17)

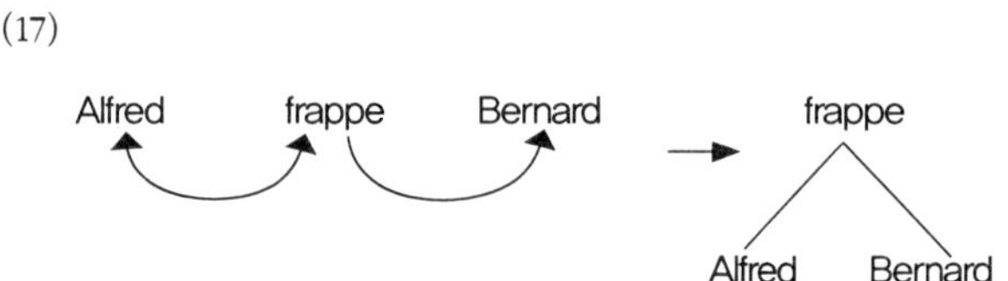

어순

프랑스어에서는 구성요소들의 기능이 일반적으로 어순에 의해 결
정되며 그 어순은 일반적으로 다음과 같다.

주어 – 동사 – 직접목적어 – 간접목적어 – 상황보어

의존문법에서 하위 요소들은 말의 연쇄상 어순과 무관하게 스테마
도식에서 고유의 정형적 어순으로 배열된다. 아래 문장들은 모두 그
어순에 따라 다음과 같이 나타난다.

(18a) Paul rendra l'argent demain à Pierre.

(18b) Il le lui rendra demain.

(18c) Quand te le rendra—t—il?

(18d)

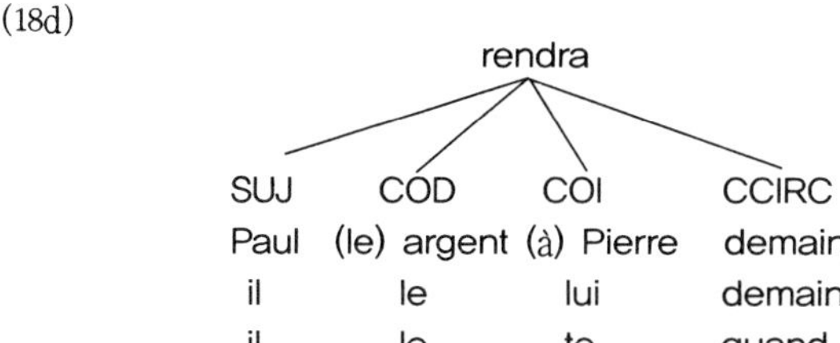

위에서 제시된 예문들 안에서 단어들의 순서는 이와 같은 정형적
인 어순이 변형됨으로써 생겨난 것으로 본다. 따라서 대명사의 위치는
명사의 위치와 관련하여 정하고, 의문문에서 단어들의 순서는 평서문
에서 어순, 부사들의 상대적 위치 등과 관련하여 정해야 한다.

4.1. 동사 타동성과 결합가

테니에르의 이론에서는 단어들을 실어(mots pleins)와 공어(mots
vides)의 두 부류로 나누는데, 실어에는 명사, 형용사, 동사, 부사 등
과 같은 어휘적 범주가 속하고, 공어에는 접속사(conjonctifs)와 전환사
(transitifs)와 같은 문법적 범주가 속한다. 접속사로는 등위 접속사가,
전환사로는 종속접속사, 전치사, 조동사, 관사, 접미사, 동사 어미 등
이 있으며 이들은 실어의 범주를 전환시키는 기능을 한다.

이러한 분석에 따르면, 문장은 일반적으로 과정(procès)을 표시하
는 동사 마디(nœud verbal), 동사가 나타내는 과정에 관여하는 사람 또
는 사물인 항(actant), 그리고 과정이 진행되는 상황을 표현하는 상황

사(circonstants)에 의해서 생성된다. 동사마다 정해진 항의 수는 그 동사의 결합가(valence)를 구성한다. 예를 들어 동사 *donner*는 주어를 비롯하여 직접, 간접목적보어를 필요로 하는 동사이므로 3개의 항을 가진다. 동사의 타동성(transitivité)과 결합가의 관계를 살펴보면 다음과 같다.

- verbes avalents 무가동사(비인칭동사 : faire)

    Il fait chaud.

- verbes monovalents 1가동사(자동사 : exister)

    Cette coutume existe également dans ce pays.

- verbes bivalents 2가동사(타동사 : saluer)

    Paul salue son professeur.

- verbes trivalents 3가동사(논항이 3개인 타동사 : donner)

    Je donne ce petit cadeau à Pierre.

그 밖의 구문들 내부의 결합 관계는 다음과 같이 나타낼 수 있다.

속사 구문

(19) Vous avez été injuste.

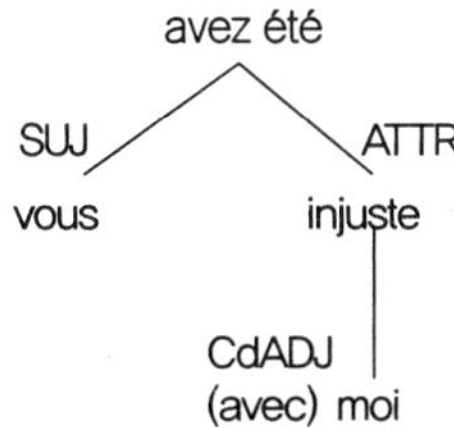

종속절

(20a) Alfred dort alors que Bernard travaille.

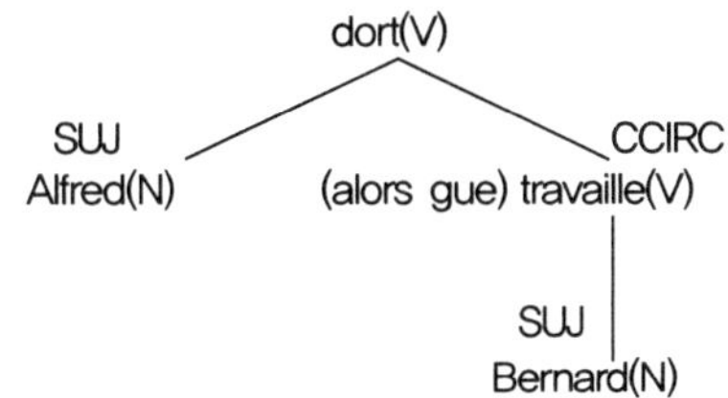

(20b)

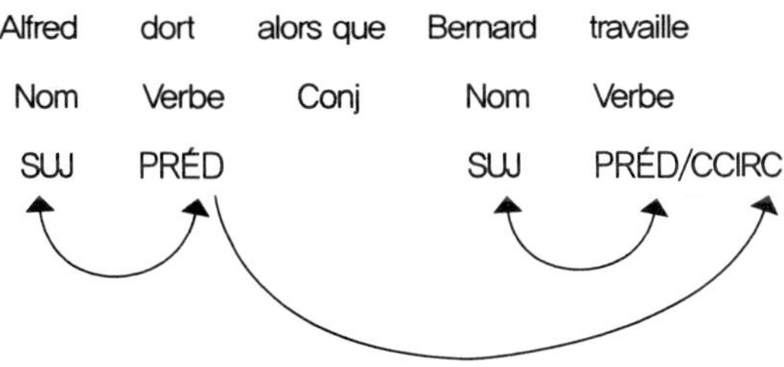

등위 접속

테니에르는 등위 접속을 'jonction'이라고 칭한다. 등위 접속 관계
는 접속의 요소들을 연결하는 수평선으로 표시된다.

(21a)

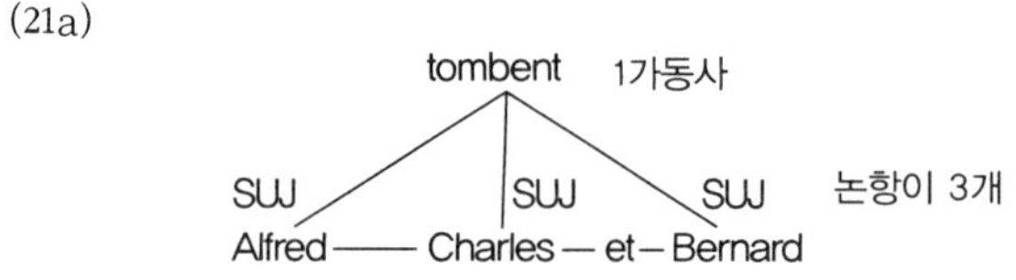

(21b)

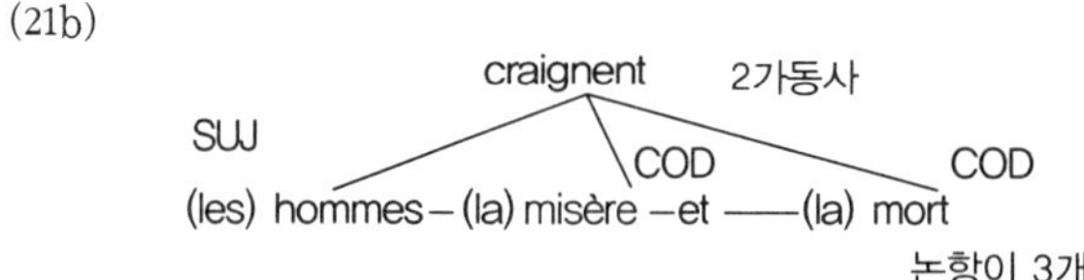

4.2. 스테마 분석과 결합관계 분석

Mon ami chante une jolie chanson과 같은 문장은 스테마 분석
(analyse stemmatique)과 결합관계 분석(analyse syntagmatique)에서 각각
다음과 같이 나타내어진다.

(22a) 스테마 분석

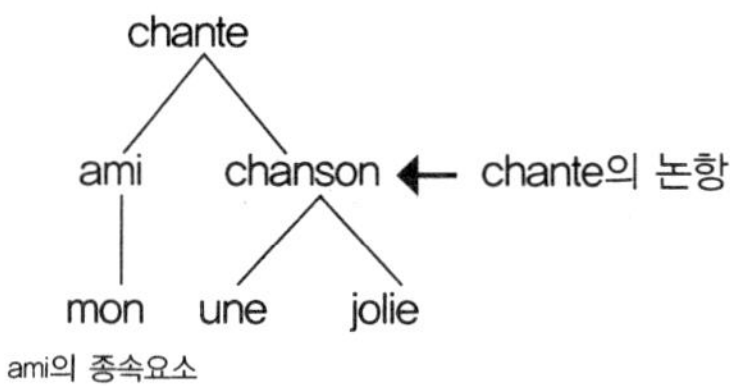

(22b) 결합관계 분석

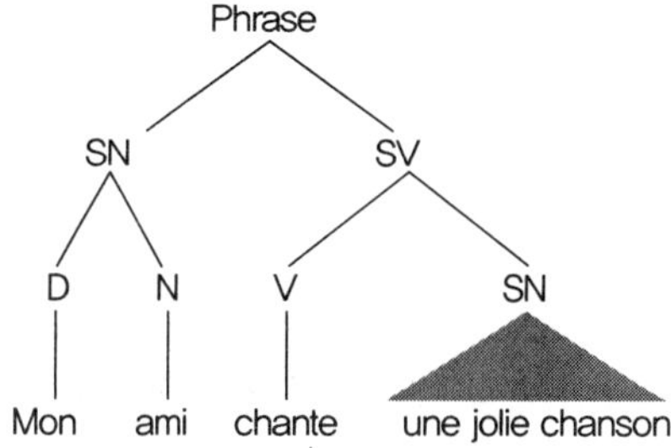

테니에르의 분석방법을 전통적 결합관계 분석과 비교하면 다음과 같다.

〈표 1〉

	스테마 분석	결합관계 분석
특징	구조적 질서 보여줌 ordre structural	선형적 질서 보여줌 ordre linéaire
개념	논항과 술어의 개념 argument prédicat	주어와 동사의 개념 Ph → SN SV
형태	est arrivé l Alfred	P SN SV Alfred est arrivé

05

분포주의 통사론

　유럽에서 소쉬르의 이론이 알려지기 시작할 무렵, 미국의 언어학자 블룸필드(Leonard Bloomfield, 1887-1949)는 자신만의 독자적인 언어이론을 제안한다. 그것이 바로 제자들에 의해 체계화되고 발전되어 분포주의라는 이름으로 알려진 언어이론으로 1950년까지 미국 언어학을 지배하게 된다. 블룸필드의 언어이론은 1920년대 미국에서 성행하던 행동주의 심리학에서 출발하여 반 유심주의(anti-mentalisme)를 내세운다. 그의 이론에서는 발화행위(parole)를 하나의 개별적 유형의 행동으로 보고, 그것 역시 외적 조건을 통해서 설명되어야 한다고 주장한다. 이 이론은 의미, 사고와 관련된 설명을 배제한다는 한계를 지니고 있다.

　분포주의는 문장을 구성하는 요소들과 그 요소들의 분포와 관련된 규칙들을 이끌어내는 기술적인 분석을 제안한다. 분포주의에서는 구성요소들의 앞뒤 환경을 고려하는데, 한 어휘의 환경의 총합을 분포(distribution)라고 한다. 예를 들어 nous dansons과 같은 문장에

서는 동사 dans-의 두 환경은 nous와 -ons이 된다. 또한, 유사한 기
능을 가진 요소들의 분포를 비교하여 하나의 부류, 즉 동치류(classe
d′équivalence)로 묶어서 분류하고 그 특성을 규정한다.

다음은 명사의 동치류이다.

n_1 n_1

n_2 mange n_2

n_3 n_3

동사 mange의 앞, 뒤에 나타나는 요소들은 각각 하나의 동치류
를 이루어서 한 그룹 안에 속하는 요소들은 서로 대체되더라도 정문
을 형성하지만, 동치류에 속하지 않는 요소로 대체되면 문장은 비문이
된다.

(23)

Le chat Félix Cet animal *Bien	mange	du poisson des céréales un sandwich *une idée

명사 chat를 수식할 수 있는 한정사의 동치류는 다음과 같다.

(24)

Le Ce Mon	chat	miaule

다음 문장에서 명사 café를 수식하는 형용사의 동치류를 볼 수

있다.

(25)

Je bois un	bon	café
	excellent	
	mauvais	
	superbe	

전치사의 동치류는 그 목록이 크지 않다.

(26)

L'autobus	dans	lequel vous êtes arrivé
	par	
	avec	

다음은 동사의 동치류이다.

(27)

Paul	commande	son repas
	décommande	
	*commande	ses rendez-vous
	décommande	
	commande	toute une troupe
	*décommande	

이상과 같이 동치류를 통해서 정문과 비문을 구별할 수 있다.

문장 내의 구성요소들은 그 구조를 고려하여 직접구성성분(consti-tuants immédiats)으로 분석된다. 이러한 직접구성성분 분석(analyse en constituants immédiats)에 의하면 하나의 문장은 일단 주어부와 술어부라는 두 개의 직접구성성분으로 나뉘고, 이 직접구성성분들 각각은 다시 더 작은 직접구성성분들로 분할되어 형태소에 이르기까지 계속 나뉘어진다. 직접구성성분 분석은 한 문장을 가장 큰 단위에서부터 가장 작은 단위들인 구성성분들로 분할하여 보여준다.

　　문장 Le vieil homme qui vit dans la maison bleue mange une pomme를 가지고 직접구성성분 분석을 해보자. 우선 전체 문장은 크게 주부와 술부 두 부분(Le vieil homme qui vit dans la maison bleue / mange une pomme)으로 나뉘며 이들이 이 문장의 직접구성성분들이다. 이 두 부분은 각각 다시 두 개의 구성성분(Le vieil homme / qui vit dans la maison bleue ; mange / une pomme)으로 나뉘고, 이 구성성분들도 차례대로 자신들의 직접구성성분으로 분리된다. 위에서 살펴보았듯이 문장 혹은 문장의 구성요소를 나누는 근거는 동치류에 속하는 다른 요소로 대체(substitution)가 가능한가이다. 예컨대 Le vieil homme qui vit dans la maison bleue는 이 전체가 Le loup blanc과 같은 명사구 혹은 Médor 같은 한 개의 고유명사로도 대체가 가능하며 이들은 모두 동사 mange 의 주어가 될 수 있는 요소들이다. 블룸필드는 이 같은 직접구성성분 분석을 통하여 한 문장이 더 이상 분리될 수 없을 때까지 연속적인 단계를 거쳐 분석될 수 있음을 보여주었다.

〔〔Le〕〔vieil〔homme〕〕〔qui〕〔vit〕〔dans〕〔la〕〔〔maison〕〔bleue〕〕〕〔〔mange〕〔〔une〕〔pomme〕〕〕
〔〔Le〕　　　〔loup〕〕　　　　　　〔blanc〕　　　　　　　　　〔〔mange〕〔Félix〕〕
〔〔Médor〕〕　　　　　　　　　　　　　　　　　　　　　　〔hurle〕〕
…

위 구조에서 〔　〕는 문장 안의 하나의 성분, 즉 구성성분(constituant)

을 나타낸다. 작은 구성성분들이 모여 더 큰 구성성분을 이루는 방식으로 문장은 계층구조를 가지게 된다. 분석의 각 단계에서 두 개의 직접구성성분들이 이루는 쌍과 이 쌍이 또 하나의 직접구성성분이 되는 더 큰 단위들이 존재하게 되는데 이들 각각을 가리켜 구성체 (construction)라고 한다.

Ph → SN + SV

Ph : Le vieil homme qui vit dans la maison bleue / mange une pomme.

SN1 → Dét + SN2

SN1 : Le / vieil homme qui vit dans la maison bleue

SN2 → SA + N

SN2 : vieil / homme qui vit dans la maison bleue

SA → K(종속절 도입) + Ph

SA : K + qui vit dans la maison bleue

Ph → SN + SV

Ph : qui / vit dans la maison bleue

SV → V + SP

SV : vit / dans la maison bleue

SP → P + SN

SP : dans / la maison bleue

SV → V + SN

SV : mange / une pomme

이 문장의 직접구성성분 분석은 다음과 같이 상자로도 나타낼 수 있다. 이것을 호케트(Charles Francis Hockett, 1916−2000)의 상자(Boîtes de Hockett)라고 한다.

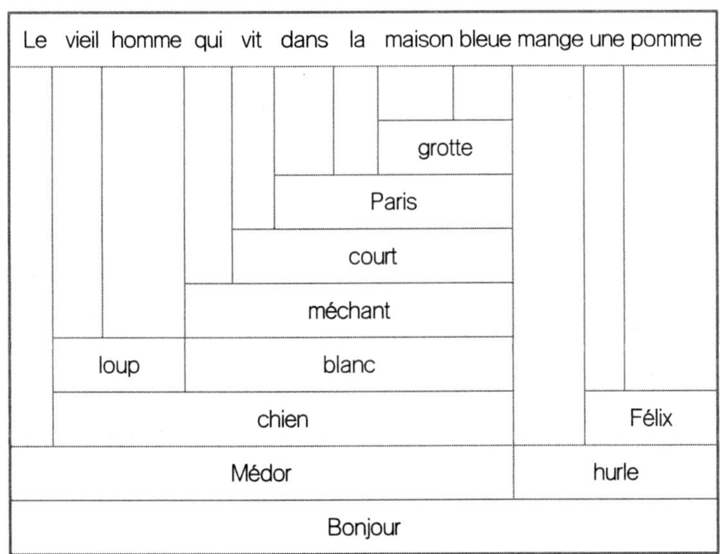

【그림-1. 호케트의 상자】

호케트의 상자를 보면 이것이 문장에서 직접구성성분들을 쉽게 식별하게 해 준다는 것을 알 수 있다. 문장 전체의 직접구성성분은 우선 주어부(Le vieil homme qui vit dans la maison bleue)와 술부(mange une pomme)이며, 주어부의 직접구성성분은 Le와 vieil homme qui vit dans la maison bleue이고, 술부의 직접구성성분은 mange와 une pomme이 된다. 이 각각의 직접구성성분들은 다시금 종극구성성분(constituants ultimes)으로 분석될 때까지 그 내부에서 직접구성성분들로 나눠질 수 있다.

그런데 이러한 분석에는 문제가 있다. 가령, 위 문장에서 Le vieil homme qui vit dans la maison bleue, Le chien, 그리고 Le loup blanc은 서로 대치가 가능한데 '상자 분석'은 이 어구들의 구조적 유사성을 잘 보여주지는 못한다. 이러한 유형의 구조 분석으로는 개별 문장의 차원을 넘어서서 상자 분석을 일반화시키기 어렵다. 그래서 블로크(Bernard Bloch, 1907-1965)와 해리스(Zellig Harris, 1909-1992)는 호케트의 상자를 응용하여 다음과 같은 분석 방법을 제안한다.

호케트의 상자를 구성하는 여러 칸 안에 단어들이 있지만, 이들이 제안한 상자에는 직접구성성분들의 문법적 범주가 표기됨으로써 보다 일반적인 분석이 가능하다. 아래는 문장 구성성분들의 문법적 표지들인데 블로크와 해리스의 상자(Boîte de Bloch et Harris)에서는 이것들을 사용하여 상자를 구성하게 된다.

Ph − Phrase(문장) : Le petit enfant mange une pomme.

SN − Syntagme Nominal(명사구) : cette fille, le vieil homme, cet homme lucide

MN − Membre Nominal(명사 구성요소) : vieil homme, homme lucide

SV − Syntagme Verbal(동사구) : mange un gâteau, travaille bien

SP− Syntagme Prépositionnel(전치사구) : de Pierre, avec lui

N − Nom(명사) : enfant, étudiant, gâteau, Paul

V − Verbe(동사) : manger, travailler

Adj −Adjectif(형용사) : jeune, lucide, bonne

Adv − Adverbe(부사) : souvent, trop, là

P(rép) − Préposition(전치사) : à, de, sans, avec

PRel − Phrase Relative(관계절) : qui rencontre un chien

Rel − Pronom Relatif(관계 대명사) : qui, que, lequel

Pro − Pronom(대명사) : il, je, eux

Dét − Déterminant(한정사) : le, une, les

RV − Racine Verbale(동사 어근) : mange− (de *mangeait*), part− (de
partit)

Tps − Affixe Temporel(시제 접사) : −ait (de *mangeait*), −it (de *partit*)

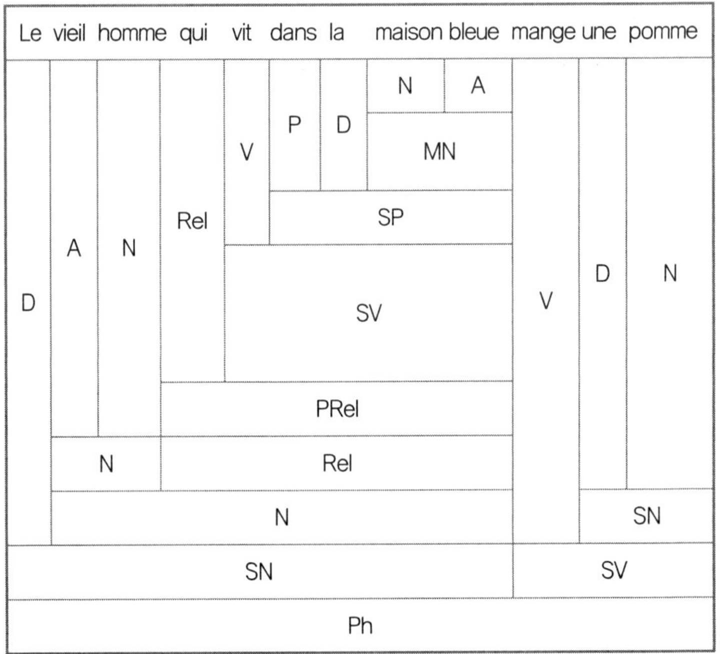

【그림-2. 블로크와 해리스의 상자】

위와 같은 분석 방법은 블로크와 해리스에 의해 제안된 것으로, 위에서 제시된 〔 〕나 호케트의 상자가 가지는 문제점을 어느 정도 해결할 수 있다. 단어(구)들을 일반화된 범주 표지로 대체하는 이러한 방법은 문장의 구조를 보다 명확하게 분석하여 언어현상을 더 잘 이해할 수 있게 해준다.

문장의 구조는 이러한 과정을 거친 후 아래와 같은 수형도로 나타내어지게 되었다.

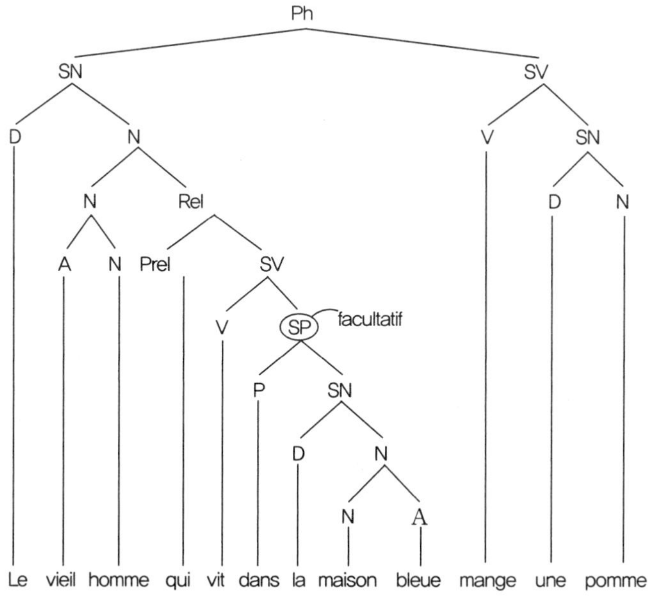

직접구성성분 분석을 적용하는 분포주의적 분석은 테니에르의 분석을 보충해 줄 수 있다는 장점이 있는 반면 문장의 의미를 분석하는 것이 불가능하고, 중의성, 환언문, 그리고 문맥의 문제를 설명할 수 없다는 단점이 있다. 예를 들어 'la crainte des ennemis'에서 〔전치사 de + SN〕 구조가 갖는 중의성 문제를 살펴보자. 이 구조는 다음과 같이 중의적으로 해석되나 직접구성성분 분석에서는 이런 중의성의 가능성은 배제된 채 동일하게 분석된다.

① "적들의 두려움" : 주어 속격으로 해석 (Les ennemis craignent)

② "적들에 대한 두려움" : 목적어 속격으로 해석 (On craint les ennemis)

또한 이러한 직접구성성분에 의한 분석은 가령 능동문과 수동문 사이에 존재하는 긴밀한 관계를 나타내는데 어려움이 있을 것이다. 따라서 현대 언어학에서는 문장의 구조를 나타내기 위해 위와 같은 수형도를 통한 분석을 채택하고 있다.

이와 같은 의미상의 문제를 구조적으로도 해결하고자 20세기 중반부터 미국에서는 문장을 심층구조와 표층구조로 분리하고, 심층구조에 '변형'의 개념을 적용하여 표층구조를 도출해 내는 변형생성문법이 등장하게 된다. 해리스의 분포주의 이론은 유럽에서는 모리스 그로스(Maurice Gross, 1934-2001)를 중심으로 한 어휘문법(Lexique-Grammaire)으로, 미국에서는 촘스키가 주창한 변형생성문법(Grammaire générative-transformationnelle)으로 각각 발전하였다.

06

어휘문법

6.1. 어휘문법이란?

전통적인 의미의 문법은 어근과 어미들의 단어로의 조합을 다루는 형태론과 단어들의 구와 문장으로의 조합을 다루는 통사론에 대한 연구로 정의되었고, 현대적인 의미의 문법은 근본적으로 기술적이고 언어의 모든 문장에 있어서 소리와 의미 간에 존재하는 관계의 총체를 설명하려는 것으로 정의된다.

현대 문법의 하나로 볼 수 있는 어휘문법(le lexique-grammaire)은 해리스(1968, 1976)의 언어이론에 이론적 토대를 두고 있으며 그로스(1975, 1981)에 의해서 구체적인 방법론이 구축된 언어이론이다. 이 이론은 60년대 말부터 그로스와 그의 언어자료자동처리연구소(Laboratoire d'Automatique Documentaire et Linguistique, 이하 LADL로 표기함) 연구팀이 중심이 되어 프랑스어에 적용시킨 연구 결과를 계속적으로 발표하면서 생성되고 발전된 이론이다. 어휘문법은 하나의 통사 현상 또는 하나의 통사 구조를 분석하는 데 있어서 최소한의 이론적, 방법론적 가정에서 출발한다. 엄격한 형식적 기준에 의거하여 어휘 전체와의 관련 하에 통사 현상이나 구조를 기술하며, 그 기술 전체가 귀납적으로 제시하는 언어적 일반성에 도달하고자 하는 시도이다. 다시 말해, 통사적 특성들을 기초로 하여 개별 어휘가 취할 수 있는 모든 구조를 기술함으로써 프랑스어의 전체 어휘부에 대해 체계적이고 완전한 기술을 실현하려는 것이 어휘문법의 목표이다. 이러한 계획의 궁극적 목표 중 하나는 언어의 자동처리를 개선하는 것으로, 자연언어의 자동분석과 자동생성을 실현시키기 위한 기본단계로서 전산 시스템 속에 통합될 수 있는 언어 데이터베이스를 구축하는 것이다. 이렇게 하여 특히 자연언어에서 인간-기계의 진정한 의사소통을 가능케 하는 것이 그 목표라고 할 수 있다.

6.2. 어휘문법의 등장 배경과 전개

한 언어 현상이 그 현상에 관계되는 어휘들과 밀접한 관련이 있다는 것은 누구나 인정하는 사실이지만 실제로 그 현상의 외연, 즉 그 현상에 관계되는 어휘 전체를 엄밀하게 조사하려는 본격적인 시도가 어휘문법 이전에는 없었다. 1975년 그로스는 저서에서 아직은 형식주의의 완성은 이르다고 하면서 형식주의적 접근을 거부한다는 입장을 표명했으며 형식주의의 완성은 언어학적 자료들을 완전히 밝힌 후에 이

뤄져야한다고 강조하였다.[16]

그런 작업의 출발점이 된 분야는 보족절 구문을 가지는 동사의 연구였다. 이 작업에서 약 3,000개의 동사가 연구 대상이 되었고 그 각각이 일련의 분포 변형적 특성(총 약 100개)-보족절 주어, à나 de로 도입되는 간접목적보어, 수동태화 등-을 가지고 있는지 없는지를 표시하였다. 기술방법은 분포 변형 기술을 사용하였고[17], 따라서 모든 형식주의적 표식은 사라지고 세밀한 기술이 엄격히 이루어졌다.

이 작업의 결과, 그로스는 보족절 구문과 부정법 구문의 관계 등과 같은 점들에 대한 막대한 양의 통사 정보들을 정리하여 주석을 단 19개의 표 형태로 소개하였고, 그의 방법은 동료들과 제자들에 의해 보족절 외의 다른 분야에도 적용되었다. 분스(Jean-Paul Boons), 기예(Alain Guillet)와 르클레르(Charles Leclère)는 단문 구조, 갸스통 그로스(G. Gross)는 donner 동사 구문, 지리-슈네데르(Jacqueline Giry-Schneider)는 faire 동사 구문, 피카비아(Lélia Picabia)는 형용사 구문에 대해 연구하였다. 이렇듯 LADL의 연구는 처음에는 주로 기능동사[18] 자체에만 집중되었다가(avoir, faire, être prép N, donner, recevoir, être Prép Adj-n, avoir, prendre, perdre...) 이후 각 기능동사에 대하여 어울릴 수 있는 서술명사의 목록을 만들고 분포 변형적 기준에 따라 구문의 유

16_Gross, M. (1975), pp. 45-46 참조.
17_보족절을 동사원형으로 변형시키는 것 등을 예로 들 수 있다(j'espère que je viendrai ⇒ j'espère venir).
18_기능동사에 대해서는 6.3. 분석 방법 참조.

형을 분류하는 것이 중심 과제가 되었다. 이에 따라 여러 기능동사들의 용법이 정리되었는데 이 중에는 위에서 언급한 기능동사들 및 그에 어울릴 수 있는, 어휘부에 등록된, 모든 서술명사의 조합이 연구되었고 서술명사 중에는 동사나 형용사에서 파생된 것, 파생관계가 없는 것, 단일어, 복합어 등이 모두 연구대상이 되었다. 또한 각 기능동사를 독립적으로 관찰하는 단계를 넘어 여러 기능동사를 일정한 기준으로 통합하여 구문간의 관계 속에서 관찰하고 여기서 나타나는 통사적, 의미적, 어휘적 변형관계를 연구하고 이로부터 어떤 일관성을 찾으려는 시도로 확대되고 있다. 현재 기능동사와 서술명사에 대한 연구로 약 75,000개 이상의 표제어가 등록되었으며 각각의 어휘에는 약 20여 개의 통사적 성질이 기록되어 있다. 이것들은 흔히 말하는 관용어구를 단순히 수집한 것이 아니라 각 구문에 대해 완전한 기술(기능동사, 그것과 어울릴 수 있는 어휘, 논항의 어휘 통사적 분포, 한정사 제약, 기능동사가 축약된 명사구에서의 논항의 보존에 관한 제약, 그리고 대명사화, 유사문장과의 관계 등의 여러 변형적 성질)을 한 것이다. 이런 작업들은 '토대 프랑스어(français de base)'에 대한 어휘문법의 구성에 필요한 기반을 마련해주었다. 이런 연구는 프랑스어에만 한정되지 않고, 독일어, 이탈리아어, 한국어 등 여러 나라의 언어에 적용되고 있다.

6.3. 분석 방법

어휘문법은 단어가 아닌 단문을 통사 분석의 기본단위로 삼는다.

실제로 하나의 어휘는 문장 안에 들어갔을 때에만 정확한 의미를 가질 수 있기 때문이다. 단문은 하나의 술어(prédicat)와 그것의 논항들 (arguments)로 이루어져 있고, 이를 기호화하면 다음과 같다.

Prédicat (arg0, arg1, arg2)[19]

프랑스어는 어순이 주어-동사-목적어이므로 arg0는 주어, arg1은 첫 번째 보어, arg2는 두 번째 보어에 해당한다. 예를 들어,

(1a) Luc admire ce tableau.

라는 문장에서 술어는 동사 admirer이고, Luc과 tableau는 술어 admirer가 선택하는 논항들이다. 이를 도식화하면

admirer (Luc, ce tableau)

와 같다.

위의 문장을 아래의 세 문장과 비교해 보자.

---

[19]_단문의 기본 구성 요소로서 3개 이상의 논항을 가지는 술어는 존재하지 않는다(Gross, M. (1983), p. 87 참조).

(1b) Luc a de l'admiration pour ce tableau.

(1c) Luc est en admiration devant ce tableau.

(1d) Luc est admiratif devant ce tableau.

네 문장 (1a), (1b), (1c), (1d)는 약간의 뉘앙스를 제외하면 모두 의미가 같다. 즉 논항 분포에 있어서는 위의 네 문장이 동일하다. 문장 (1b), (1c), (1d)를 도식화하면 모두 arg0는 Luc이고 arg1은 ce tableau로 문장 (1a)와 동일하게 표시된다. 그러나 통사적으로는 문장 a 와 나머지 세 문장은 차이를 보인다. 문장 (1a)에서는 동사 admirer가 주어와 형태적으로 일치를 보일 뿐만 아니라 의미적으로도 목적보어 인 논항을 선택한다. 그러나 문장 (1b), (1c), (1d)에서는 동사 avoir 와 être가 주어와 일치를 보이지만 이 동사들은 arg1을 선택하지는 않 으며 논항 선택의 역할은 admiration, admiratif가 담당한다. 이 때 동 사 avoir와 être는 admirer와 달리 인칭과 성수, 그리고 시제와 상을 담는 틀의 역할(현동화actualisation하는 역할)만을 하고 진정한 술어는 문 장 (1b), (1c)에서는 명사 admiration, (1d)에서는 형용사 admiratif 이며 논항에 대하여 의미적 선택을 하는 것도 이들이다.

6.4. 분석 개념들과 구체적 예들

그러면 분석에 사용되는 개념들을 예와 함께 좀 더 구체적으로 살 펴보도록 하자.

위의 예문들에서 볼 수 있듯이, 술어 admir-[20]는 동사 admirer, 명사 admiration, 형용사 admiratif의 형태로 나타날 수 있다.

6.4.1. 술어

6.4.1.1. 서술동사

먼저 술어는 동사의 형태를 띨 수 있는데 이런 동사를 서술동사(prédicats verbaux)라고 한다. 아래의 문장들에서 문장의 술어 역할을 하는 것은 동사 admirer, participer, désirer이다.

(2a) Luc admire ce tableau.

(2b) Luc participe à ce projet.

(2c) Luc désire voyager.

이것들을 도식화하면 다음과 같다.

(2a') admirer (Luc, tableau)

(2b') participer (Luc, projet)

(2c') désirer (Luc, voyager)

20_해당 술어가 여러 형태로 나타날 수 있으므로 기본형으로 'admir-'로 표기하도록 한다.

따라서 위의 각 동사들은 두 개의 논항을 가지는 술어이다.

6.4.1.2. 서술명사

명사에는 stylo, papier와 같은 구체명사가 있고, admiration, participation과 같은 추상명사가 존재한다. 보통 추상명사들은 술어 역할을 하는데 이런 명사들을 서술명사(prédicats nominaux)라고 한다. 위에서 살펴본 서술동사들은 형태론적으로 연결된 명사들을 가지고 있다. 따라서 위의 예문들은 다음의 문장들로 변형 가능하다.

(3a) Luc a de l'admiration pour ce tableau.

(3b) Luc a une participation à ce projet.

(3c) Luc a le désir de voyager.

위에서 admiration, participation과 désir는 각 문장의 술어 역할을 하고 있고 이를 도식화하면 다음과 같다.

(3a') admiration (Luc, tableau)

(3b') participation (Luc, projet)

(3c') désir (Luc, voyager)

추상명사가 아닌 구체명사들은 주로 문장에서 논항의 역할을 하지

만[21] père, fils와 같이 관계를 나타내는 명사들은 술어 역할을 하기도 한다.[22]

6.4.1.3. 서술형용사

또한 술어가 형용사의 형태를 띨 때도 있는데 이런 형용사를 서술형용사(prédicats adjectivaux)라고 한다. 앞서 살펴본 admiratif가 그에 해당하는 예이다.

(4) Luc est admiratif devant ce tableau.

désireux 역시 문장에서 술어 역할을 한다.

(5) Luc est désireux de voyager.

이 두 문장을 도식화하면 다음과 같다.

(4') admiratif (Luc, tableau)

(5') désireux (Luc, voyager)

21_Il achète une voiture.에서 술어는 동사 acheter이며 이 술어의 논항은 il과 voiture이다.
22_Paul est le père de Luc.에서 père는 논항 Paul과 Luc의 관계를 나타내는 술어이다.

여기서 형용사 admiratif와 désireux는 두 논항을 가지는 술어이다.

이렇듯 술어는 명사, 형용사, 동사의 형태를 띨 수 있는데 모든 술어가 이 세 형태를 가지는 것은 아니다. 예를 들어 술어 particip-는 명사와 동사 형태는 있지만 형태론적으로 연결된 형용사는 존재하지 않는다.

6.4.2. 기능동사

위의 예문들에서 볼 수 있는 avoir나 être 동사는 서술명사나 서술형용사를 현동화하는 역할, 즉 인칭과 성수, 시제와 상을 담는 역할만을 하고, 고유한 어휘의미가 없거나 비워진 것으로 분석된다. 따라서 이런 역할을 하는 동사를 기능동사(verbe support)라 한다. 기능동사들이 의미적으로 비어있다는 근거로는 기능동사의 삭제 가능성, 명사화의 불가능성 등을 들 수 있다. 그 예로 다음 문장에서

(6) Luc fait un voyage.

동사 faire는 의미적으로 비어 있으며 문장의 중심 역할을 하는 것은 명사 voyage이다. 따라서 명사구로 변형시킬 때 동사 faire는 생략이 가능하다.

(6') ⟹ Le voyage [que Luc fait]

⇒ Le voyage de Luc

그러나 동사가 술어인 경우에는 이런 식의 생략은 불가능하고 서술동사는 어떤 형태로든 명사구에 남는다.

(7) Luc admire ce tableau.

    ⇒ Ce tableau [que Luc admire]

    ⇒ * Ce tableau de Luc

    ⇒ L'admiration de Luc pour ce tableau

이 문장에서 술어는 동사 admirer이므로 문장을 명사구로 변형시킬 때 생략할 수 없기 때문에 결국 명사 admiration의 형태로 명사구에 남아있게 된다.

위에서 살펴본 avoir, être, faire 동사 외에도 기능동사 역할을 하는 동사들은 그 종류가 다양하다. 프랑스어 어휘문법의 구축 작업을 통해 밝혀진 기능동사의 유형은 크게 다음의 네 가지로 구분할 수 있다.

6.4.2.1. 기본기능동사

고유한 어휘 의미 없이 술어의 현동화라는 문법적 기능만을 수행하는 대표적인 기능동사들을 기본기능동사(verbes supports de base)라고 한다. 이것에 해당하는 기능동사들로는 위에서 언급한 avoir, être, faire 외에도 donner, prendre, être Prép 등이 있다.[23]

(8a) Pierre a du courage.

(8b) Léa est amoureuse de Paul.

(8c) Luc fait une erreur.

(8d) Marie donne de l'aide à Paul.

(8e) Paul a pris la décision de démissionner.

(8f) Luc est en voyage.

6.4.2.2. 어휘 변이형

이 유형은 기본기능동사와는 달리 어느 정도의 어휘 의미를 띠지만 술어를 현동화하는 역할만을 담당하는 동사들이다. 이런 유형의 기능동사들을 어휘 변이형 기능동사(variantes lexicales)라고 하고, 그 예로는 commetre, effectuer, caresser, réaliser 등을 들 수 있다.

(9a) Luc (fait + commet) une erreur.

(9b) Marie (fait + effectue) un virement bancaire.

(9c) Paul (a + caresse) l'espoir de réussir.

---

23 Giry−Schneider, J. (1987), donner : Gross, G. (1989), avoir : Labelle, J. (1974) Meunier, A. (1981) Vivès, R. (1983), prendre : Vivès, R. (1983, 1984), être Prép : Danlos, L. (1980) 참조.

(9d) Léa (fait + réalise) un achat sur internet.

6.4.2.3. 상 변이형

상과 관련된 의미들을 가지는 기능동사들도 있는데, 이런 유형의 기능동사들을 상 변이형 기능동사(variantes aspectuelles)라고 한다. 이런 유형에 속하는 기능동사들로는 기동상을 나타내는 lancer, ouvrir, entamer, 지속상을 나타내는 poursuivre, garder, rester, 종결상을 나타내는 terminer, perdre 등이 있다. 이런 유형의 기능동사들은 시상보조동사라고 하는 commencer à, continuer à, finir de를 대체하는 것이 특징이다.

(10a) Luc a entamé l'explication de texte.

(10b) Luc a poursuit l'explication de texte.

(10c) Luc a terminé l'explication de texte.

6.4.2.4. 출현기능동사

지금까지 살펴본 기능동사들은 주로 목적보어 자리에 도입되는 서술명사들을 현동화하는 역할을 하는 반면, 주로 주어 자리에 도입되는 사건명사(noms d'événement)를 현동화하는 역할을 하는 일련의 기능동사들이 존재하는데 이런 유형의 기능동사들을 출현기능동사(verbes supports d'occurrence)라고 한다.[24] 이런 동사들로는 avoir lieu, se passer, se produire, intervenir, se tenir, se dérouler 등이 있다.

(11a) Une réunion a eu lieu à la salle de conférence cet après-midi.

(11b) La cérémonie s'est déroulée en présence uniquement des proches.

6.4.3. 동사의 용법들

위에서 살펴본 서술동사들, 기능동사들은 대부분의 어휘들이 그렇듯이 한 가지 용법만 가지고 있는 것은 아니다. 앞서 기능동사로 언급한 donner를 예로 들어보자면, 이 동사는 기능동사 용법 외에 다른 용법들도 가지고 있다. 동사 donner의 용법들은 크게 네 가지로 나누어 볼 수 있다.

① 서술동사 용법

(12) Luc a donné un briquet à Paul.

24_출현기능동사(verbes supports d'occurrence)라는 용어는 Gross, M. (1990)의 용어이다. 이 용어는 사건기능동사(verbes supports événementiels) (Giry-Schneider, J.:1987, 1988), 부사적 기능동사(verbes supports d'adverbe) (Guillet, A. et Leclère, C.:1992), 존재기능동사(supports d'existence) (Gross, G.:1989)로 불리기도 한다.

위의 문장에서처럼 목적보어 자리에 구체명사가 오는 경우, don-
ner는 기능동사가 아니라 술어 역할을 하는 일반동사이다.

② avoir 동사에 대한 사역동사 용법

(13) J'ai soif.

　　　⇒ Cette chaleur me donne soif.

③ 기능동사 용법

(14) Luc a donné à Paul le conseil de partir.

　　　(= Luc a conseillé à Paul de partir.)

④ 관용표현

그 외에는 분석이 불가능한 관용표현에 donner 동사가 쓰일 수 있다.

(15) donner dans le mille. (들어맞다, 성공하다)

6.4.4. 서술명사와 기능동사 결합의 복잡성

서술명사를 현동화하는 기능동사들은 유형과 그 수도 다양하며,
서술명사와의 결합관계에 있어서도 불규칙적이어서 이들 결합을 정확
히 기술하는 데 어려움이 따른다. 예를 들어, 기능동사 donner와 faire

는 항상 같은 서술명사를 동반하지는 않는다.

(15a) Luc a (donné + fait) une communication à ce colloque.

(15b) Luc a (donné + *fait) l'autorisation à Max de partir.

(15c) Luc a (*donné + fait) des menaces à Max.[25]

이런 현상은 기능동사의 변이형들에서도 마찬가지이다.

(16a) Max a (fait + dressé + *commis) un bilan.

(16b) Max a (fait + *dressé + commis) une erreur.

따라서 서술명사가 결합할 수 있는 모든 기능동사들을 명시하고 서술명사와 기능동사 간의 복잡한 결합관계를 밝히는 것이 언어의 자동처리에 있어 꼭 선행되어야 할 작업이다.

6.5. 어휘문법의 기여

기능동사 및 서술명사에 대한 연구는 동사의 새로운 일면의 발견이라는 점에서도 중요하지만 문장 안에서의 명사의 역할에 대한 인식

25_Gross, G. (1989), p. 176.

에도 큰 변화를 가져왔다. 전통적으로 문장의 술어의 역할은 동사가 담당하며 명사는 그 논항의 역할만을 한다고 간주되어 왔으나 기능동사구문에서는 술어의 역할은 동사가 아니라 명사가 맡고 있다는 것이 밝혀진 것이다.

기능동사 및 서술명사와 관련된 본격적인 연구는 명사화의 처리에 대한 논란에서 시작된다. 명사화는 특히 변형생성문법에서, 형태론적 시각에서 접사를 첨가함으로써 새로운 어휘를 창조하는 파생변형의 하나로 간주되었다. 그러나 이러한 형태적 접근은 두 성분이 통사적으로 다른 행태를 보일 수 있다는 사실에 대해서 적절한 설명을 하지 못한다. 또한 변형생성문법에서의 논의들은 공통적으로 명사화를 하나의 절을 구(syntagme)로 만드는 변형으로 간주하고 있다.

(17a) He drew the picture rapidly.

(17b) His rapid drawing of the picture.[26]

촘스키(1967)는 이를 약간 변형시켜 동명사의 경우와 완전히 명사화된 경우를 구별하였다. 즉, John's refusing the offer는 John refuses the offer와 같은 문장에서 파생된 것으로 본 반면, John's refusal은 완전한 명사로 기저구조에 등록된다는 어휘론적 태도를 취하고 있다. 이때 이 명사와 동사 사이의 관계는 '어휘특유의(idiosyncrasique)' 관계

26_Lees, R.B.(1960/1968), pp. 65-66.

이다.

한편 기능동사를 비롯하여 어휘문법의 여러 이론적 도구에 근거를 제공한 해리스는 명사화를 문장에서 구로의 변형이 아니라 문장에서 또 다른 문장으로의 변형으로 간주하였다.

(18a) He looks at it. = He takes a look for it.

(18b) He loves it. = He has love for it.

이것은 프랑스어에서 기능동사구문과 일반동사 구문의 관계와 동일하다. 그는 이러한 관계가 촘스키 식의 변형이 아니라 수학의 등가 관계적 개념이라고 주장한다. 이러한 이론적 배경을 바탕으로 한 어휘문법의 방법론은 그로스를 비롯한 LADL의 여러 연구에서 채택되어 프랑스어의 기능동사와 서술명사에 대한 체계적인 기술을 가능하게 하였다.

이 연구는 또한 많은 통사문제, 통사론과 의미론의 관계의 문제성을 풍부하게 부각시키는 데 공헌했다고 볼 수 있다.

6.6. 어휘문법의 활용 가능성

기능동사는 그동안 관용어구의 일종으로 간주되기도 하고 또는 일반동사로서 해당 동사가 갖는 수많은 의미 중의 하나로 취급되어 왔다. 그러나 기능동사와 서술명사의 결합가능성은 예측하기 어려운 경우가 많다는 불규칙적인 면이 강하며 또 다른 한편으로는 여러 기능동사들이 일정한 관계를 보인다는 점에서는 규칙적인 면도 존재한다. 이것은 변형생성문법과 같이 충분한 자료를 다루지 않고 자체의 논리와 가설만으로 언어구조를 기술하려는 방식에서 나타나는 문제점에 대한 대안이 될 수 있을 것이다.

어휘문법의 연구는 다른 어휘구문들과의 횡적 관계를 고려하여 기술, 설명하려는 입장을 취하고 있다. 이와 같은 방법으로 얻어진 수많은 자료들은 언어학적으로, 한 언어의 기본구조를 기술하는데 있어서도 필요하지만 실용적인 면에서도 가치가 높아, 전자사전이나 자동번역을 비롯한 자연어의 전산처리에 유용하게 사용될 수 있다. 특히 기능동사에 대한 연구는 어휘문법에서 일반동사 구문, 관용어구 등과 함께 중요한 일부분을 구성하는데 이것은 사전기술과 자연어의 처리에서 높은 효용성을 가진다. 실제로 PC의 등장과 함께 기능동사와 서술명사의 상호결합관계와 같은 대용량의 자료가 쉽게 처리될 수 있게 되어 어휘문법의 자료들은 자연어의 자동처리에 효과적이면서 필수적인 자료가 되고 있다.

다음으로는 언어교육에 있어서 효과적으로 활용될 수 있다. 이것은 모국어교육과 외국어교육에 모두 응용될 수 있다. 동일한 의미 표현이 한 언어의 내부에서 아주 다양한 어휘 통사적 실현이 가능하다는 것을 알지 못한다면, 프랑스어에서 J'ai faim이라는 표현이 영어에서는 형용사 구문 I am hungry로 실현되는 것, poser la question이 ask(=demander) a question에 해당한다는 것을 이해하지 못할 수도 있을 것이다.

07

변형생성문법

7.1. 보편문법

분포주의 통사론 연구는 1950년대 후반부터 미국의 언어학자 촘스키에 의해 변형생성문법으로 발전되었다. 생성통사론에서는 종래의 구조주의 언어학과는 달리 특정 언어의 모국어화자가 적격의(bien-formé) 문장들만을 생성해 내면서 비적격(mal-formé) 문장들은 생성하지 않도록 하는 장치를 그 언어의 문법으로 간주하고 그러한 문법을 고안하는 것을 목표로 한다. 모국어 화자는 한 번도 들어보지 못한 문장을 이해하고 무한히 생성해서 사용할 수 있는 능력을 가지고 있다. 이것은 인간의 두뇌에 이미 언어의 문장 구조가 보편적으로 내재되어 있기 때문이며, 이러한 내재적인 언어 능력을 보편문법(Grammaire Universelle)이라고 한다. 이러한 구조는 유한수의 규칙들을 사용해서 무한수의 문장들을 '생성'할 수 있는 문법을 말한다.

7.2. 변형생성문법의 발전과정

7.2.1. 표준이론(Théorie Standard)

촘스키의 〈통사 구조, Structures Syntaxiques〉(1957)는 문법이 '주어진 한 언어에서 가능한 문법적 문장들 전체를 생성하게 하는 규칙들의 유한 집합'이라고 정의하고 있다. 이와 같은 정의는 어린이의 실제 언어습득 현상을 근거로 하고 있다. 어린이 모국어 화자는 한 번도 들어보지 못한 문장을 이해하고, 말할 수 있는 능력을 지녔는데 이는 인간의 두뇌에 이미 언어의 문장구조가 보편적으로 내재되어 있기 때문이라는 것이다. 또한 촘스키는 언어 능력(compétence)과 언어 수행(performance)을 구분한다. 언어 능력이란 언어 사용 규칙들에 대한 내재적 지식을 말하고, 언어 수행은 이러한 규칙들을 활용하는 것을 말한다. 언어학자의 과제는 바로 언어 능력을 연구하고 기술하는 것이다.

촘스키의 이론에 의하면 생성문법은 통사부(composante syntaxique)를 중심으로, 언어가 실제로 실현되는 두 측면인 음운부(comnposante phonologique)와 의미부(composante sémantique)가 접해 있다. 생성문법은 문장의 형식적 구조에 주로 관심을 기울이며 의사소통 기능은 상대적으로 소홀히 다루는 편이다. 생성문법이라는 명칭은 촘스키 문법만을 가리키는 것이 아니며, 촘스키의 문법은 변형 과정을 필요로 하기 때문에 특별히 변형생성문법이라고 부른다. 촘스키의 변형생성문법이론은 1950~60년대의 변형문법(TG: Grammaire Transformationnelle) 이후 계속 수정·보완을 거쳐 1970~80년대의 지배결속이론(GB: Théorie de

Gouvernement et Liage), 그리고 1995년 이후의 최소주의 이론(MP: Programme Minimaliste)으로 발전하였다.

생성문법에서 언어분석의 단위는 문장이다. 촘스키는 구조주의 이론에 반대하여 "언어는 문장의 (유한 또는 무한)집합"이라고 하였다. 이후 변형생성문법을 중심으로 하는 현대 언어이론에서는 단어가 아닌 문장을 중심으로 문법을 기술하게 되었다. 촘스키의 이론은 문장의 구조와 생성에 관련된 논의, 즉 통사론을 중심으로 하는 변형생성문법으로 탄생하게 된다. 문장은 주어와 서술어의 2가지 요소로 이루어진 언어 구조이다. 문장은 무한히 그리고 창조적으로 생성될 수 있다. 우리가 문장을 생성해 내는 규칙 체계를 활용할 수 있는 것은 언어 능력때문인데, 언어 능력이란 인간이 머릿속에 간직하고 있는 문법 혹은 직관을 말한다. 인간에게는 유한한 수의 규칙을 활용하여 무한한 수의 결합관계를 통해 정확한 문장들을 만들어 내는 능력이 있다.

변형생성문법은 언어의 보편성을 바탕으로 한 보편문법을 추구한다. 인간의 언어 능력은 모든 인류에게 선천적으로 주어진 보편성을 띤다는 의미에서, 그것을 바탕으로 한 문법도 보편성을 지닌 것이라고 가정한다.

심층구조, 표면구조, 변형규칙

생성문법학자들은 내재적 언어(I-Language)에 대한 완결된 모형을 제시하고자 한다. 이것은 모든 언어들의 구조를 기술하고 문법적으로 적법한 문장을 예측하는 것이 가능한 모형이다. 그러한 모형에서 제시되는 심층구조(structure profonde)와 표면구조(structure de surface)는 변형규칙에 의해 상호 연결된다. 이처럼 변형규칙이라는 장치를 통해 문장의 생성과정을 밝히는 문법이 바로 변형생성문법이다.

변형생성문법에서는 어휘 목록과 하위 범주, 그리고 구 구조규칙(다시쓰기규칙)의 적용으로 모든 문장에 대해서 심층구조가 생성되고, 거기에 변형규칙(règles de transformations)을 적용시켜 표면구조가 도출된다. 이러한 다시쓰기규칙과 변형규칙은 생성문법 모형에서 통사부에 속한다.[27]

P(Phrase) → SN(Syntagme Nominal) + SV(Syntagme Verbal)

SN → Dét(Derminant) + N(Nom)

SV → V(Verbe) + SN

…

P: 문장, Dét: 한정사, N: 명사, V: 동사, SN: 명사구, SV: 동사구

다시쓰기규칙을 통해 문장의 구성요소들은 각각 범주적 상징에서 일련의 상징들로 전개된다. 이것은 문법을 구성하는 성분들이 결합하는 순서를 결정해주는 구 구조규칙이다. 변형은 이 규칙에 의해 도출된 마지막 언연쇄체(séquences)에 대하여 이동, 삭제, 일치 등의 방법

27_Chomsky, N. (1965) 참조.

을 적용시켜 문법적인 문장을 도출하는 작용을 한다.

구체적인 예로 문장 'Cette fille mange des pommes.'을 통해 다시쓰기규칙과 변형을 살펴보자. 우선, 다시쓰기규칙을 통해 다음과 같이 심층구조가 도출된다.

P → SD(*Cette fille*) + SV(*mange des pommes*) = *Cette fille mange des pommes.*

SN → N(om)bre(sing.) + N(*fille*) = *fille*

SD → Dét(*Cette*) + SN = *cette fille*

SV → V(*manger*) + SN(des *pommes*) = *manger des pommes*

TP → Tps(Prs.) + V(*manger*) + SN(*des pommes*) = *mange des pommes*

SN → Nbre(Plur.) + N(*pomme*) = *pommes*

SD → Dét + SN = *des pommes*

SD: Syntagme Déterminant. 한정사구

sing.: singulier. 단수

plur.: pluriel. 복수

Tps: Temps. 시제

Prs: Présent. 현재

위 구 구조규칙은 화살표(→) 왼쪽에 있는 항목이 화살표 오른쪽에 있는 항목들로 구성된다는 것을 뜻한다. 여기서 화살표는 왼쪽에 있는 요소들과 오른쪽에 있는 요소들의 상호 교환 관계를 나타내는 기호이다. 이 규칙에서 명사(N), 동사(V), 한정사(Dét.) 시제(Tps) 등의 항목들은 문법 범주라고 하며, 이 각각의 범주마다 거기에 속하는 단어들이 정해져 있다. 이상의 규칙에 의해 문장 'Cette fille mange des pains.'에서 sing. + cette fille + prés. + manger + plur. + des pains 순서로 연결되는 성분들의 연쇄는 sing. + Dét. + nom + temps + verbe + sing. + Dét. + nom과 같은 범주 결합의 순서를 가진 심층구조로 표현될 수도 있다. 문장을 구성하는 요소들과 그 요소들 각각을 구성하는 하위 요소들을 다시쓰기규칙을 적용하여 나타냄으로써 문장이 점차적으로 생성되는 한편, 주어진 문장에 대해 일정한 변형이 적용되어 새로운 문장이 이루어진다. 통사부 이후에는 의미-해석부로 연결되어, 의미의 문제를 다루도록 하였다.

위에서 도출된 심층구조를 다음과 같이 계층구조를 나타내는 나무 그림으로도 표현할 수 있다.

(19)

```
                        Phrase
                   ┌──────┴──────┐
                  SD            SV
               ┌───┼───┐     ┌───┼───┐
            sing. dét.  N  prés  V   SD
                                   ┌──┼──┐
                                 plur  D   N

            cette fille       mange   des  pains
```

이와 같은 심층구조에 어휘삽입규칙을 적용시키면 'Cette fille mange des pains'과 같은 표층구조를 얻을 수 있다.

Chomsky는 생성문법이론을 제시하면서 변형이라는 기제가 문법에 필요하다는 주장을 하였다. 구 구조규칙을 바탕으로 한 나무그림만으로는 문장에 대한 만족스러운 분석이 불가능하다고 여겼기 때문이다. 아래의 두 문장은 능동문과 수동문으로 의미는 거의 같지만, 표면적인 형식은 다르다.

(20a) Cette fille a mangé la pomme.

(20b) La pomme a été mangée par cette fille.

이 두 문장을 살펴보면, 능동문의 목적어 명사인 la pomme의 자리에는 [+comestible], [+solide]와 같은 특성을 가진 명사가 와야 하는데, 이러한 제약은 수동문의 주어 위치에 올 수 있는 명사에 대해서도 동일하게 적용된다. 다시 말해서 manger의 목적어와 être mangé의 주어는 동일한 선택제약을 가지게 된다는 것이다. 이와 같은 능동문과 수동문의 의미상의 유사성과, 능동문의 목적어와 수동문의 주어에 동일한 선택제약이 적용되는 점은 수동문이 능동문으로부터 일정변형 과정을 통하여 도출된 것이라는 주장의 근거가 되었다. 다음 도식에서와 같이 심층구조의 능동문에 수동변형을 적용하여 수동문이 도출된다는 것이다.

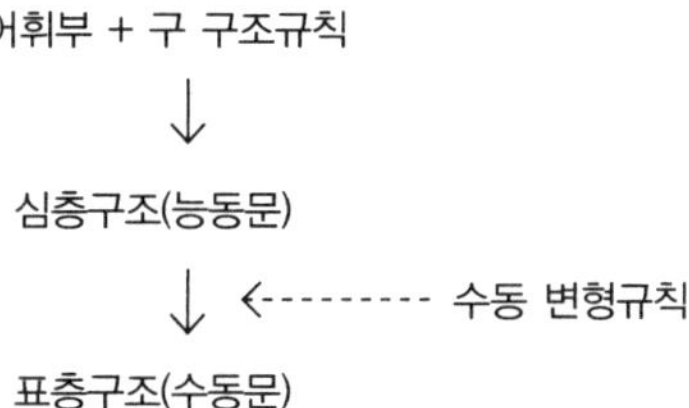

7.2.2. 지배-결속이론

지배-결속이론(Théorie du Gouvernement et du Liage)은 촘스키의 〈지배-결속이론 강의, Lectures on Government and Binding〉(1981)에서 논의된 생성문법이론이다. 종래의 이론에서 제시되던 변형규칙을 없애고 이동규칙인 Déplacer−α (α 이동)만을 남겨서 대부분의 변형을 이동으로 대체하였다. 또한 여러 가지 일반적인 원리와 제약 중에서도 계층구조 내 범주들 사이의 지배(gouvernement)와 결속(liage)의 원리를 통해 총체적으로 통사 현상을 설명하고자 한다.

과거의 이론에서 수동문은 능동문과 동일한 심층구조를 가지며, 이 심층구조에 수동 변형이 적용되어 표층구조에서 수동문이 도출된다고 보았다. 그런데 지배-결속 이론에서는 이와 같은 개별 변형이 아니라 보다 보편적인 통사적 원리들에 근거하여 문장이 생성되는 것으로 보는 것이다. 지배-결속이론에서 심층구조는 D-구조로, 표층구조는 S-구조로 각각 대체되는데, 수동문 La pomme a été mangée par cette fille의 S-구조는 다음의 D-구조로부터 도출된다고 본다.

(20) [e] être mangé [la pomme]

위 구조에서 주어 위치에 있는 [e]는 형태적으로 나타나지는 않지만 자리는 있는 것으로 간주하는 공범주(catégorie vide)를 나타낸다. D-구조에서 manger의 목적어 자리에 있던 명사 la pomme이 비어있는 주어 위치로 이동하여 표면구조에서는 수동문의 주어로 나타난다.

7.2.3. 최소주의 이론

최소주의 이론(Théorie Minimaliste)은 촘스키의 저서 〈The Minimalist Program〉(1995)에서 시범적으로 제시되었던 통사이론이다. 이 저서는 아직 시도 중이라는 의미에서 '이론'이 아닌 '프로그램'으로 불렸고, 이것은 '개념적 필연성(conceptual necessity)'과 '필수출력조건(Bare Output Conditions)'에 입각하여 심층구조(D-구조)와 표층구조(S-구조)와 같은 이론 내적인 개념들을 모두 폐기하고, 지배결속이론의

X-바 이론과 이동(Mouvement)을 병합(Merge)과 자질유인(Attract-F)
으로 대체하는 등, 경제성 조건에 입각한 이론 체계이다.

외형적으로는 지배-결속이론의 문법 모형과 유사한 최소주의 이론
에서는 지배-결속이론에서 제시되었던 D-구조와 S-구조가 없어지고
'만족(Satisfy)'이라는 과정의 결과가 D-구조에, '문자화(Spell-out)'과정
이 S-구조에 해당된다. 최소주의 이론에서는 언어가 어휘목록과 연산
체계(système computationnel)로 구성되어 있는 것으로 보는데, 어휘부
는 촘스키의 초기 이론에서와 같고, 어휘 선택의 과정인 'α-선택'과 통
사 규칙의 적용인 'α-변경'을 거쳐 의미-해석부에 이르는 과정이 연산
체계이다.

이 이론은 어휘 목록들의 집합인 배번집합(Numération)으로부터 최
적의 도출(dérivation optimale)을 이끌어내어 음성형태(Forme Phonétique)
와 논리형태(Forme Logique)에 이르는 도출과정에서 최소한의 문법 체
제를 설정하고 있다. 이러한 문법 체제는 다음과 같이 도식화 된다.

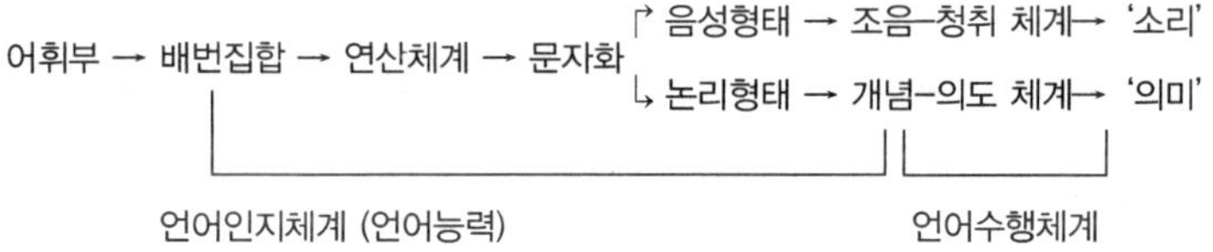

08

전산언어학과 형식문법

8.1. 전산언어학의 등장 배경

전산언어학은 언어학과 전산학이 밀접한 관계를 맺으면서 확립되기 시작한 학제 간 학문이다. 인간 언어 능력, 즉 언어를 생성하고 이해하는 능력의 규명을 궁극적인 목표로 하는 인지언어학과 컴퓨터의 관계가 날로 긴밀해져감에 따라 '전산언어학'이라는 명칭이 생겨나게 되었다.

초기 전산언어학자들은 대부분 전산학자들이었다. 그들은 컴퓨터를 이용한 자연언어처리를 전공하던 학자들로 1950년대 미국에서 외국어, 특히 러시아의 과학 잡지를 영어로 자동 번역하려는 시도를 했다. 컴퓨터가 인간보다 수리 능력이 빠르고 정확하기 때문에 인간과 같은 언어 처리 능력을 가질 수 있을 것이라 생각했던 것이다. 그러나 결국 기계 번역이 정확한 번역을 해내는 것에 실패하자 전산언어학자들은 예상했던 것보다 언어의 구조가 훨씬 더 복잡하다는 것을 인식하게 되었다.

1960년대에 들어서면서는 언어 데이터를 지적으로 처리할 수 있는 산술과 소프트웨어의 발달 덕분에 그 후로는 전산언어학이 인공 지능에 전제되는 분야로 종종 다루어지기도 한다. 따라서 전산언어학은 언어학자, 전산학자 뿐만 아니라 인공지능, 인지심리학, 논리학 등의 전문가들이 참여하는 분야로 자리 잡고 있다.

인공지능의 근본적 목표는 인간의 심리학적 처리를 모델화하려는 것인데 반해 전산언어학의 목표는 자연언어를 처리하고자 하는 것이다. 자연언어 자동처리(TALN traitement automatique du langage naturel)가 응용된 것 중 가장 대표적인 것은 컴퓨터에 의한 자동번역이다. 컴퓨터는 자연언어 자동처리에 있어서 점점 더 중요한 역할을 하고 있다. 자연언어 연구에 컴퓨터를 이용하는 목적은 크게 두 가지로 볼 수 있다. 첫째는 제안된 언어학 이론을 컴퓨터로 실행하여 검증해 보는 것, 둘째는 이렇게 검증된 이론을 시스템화하여 컴퓨터에 의한 자연언어 자동처리를 가능하게 하는 것이다. 그렇게 하려면 사전에 해결 되어야 할 전제조건은 먼저 인간이 자연언어를 분석해야 하고, 자연언어의 생성과정이 형식화, 절차화 될 수 있어야 하고, 언어 규칙 즉 문법이 프로그래밍 될 수 있으며 컴퓨터에서 시뮬레이션 될 수 있어야 한다. 따라서 언어학자들은 서서히 자료들을 업데이트하고 규정하며 전산학자들은 이것들을 서서히 모델화하는 데 기여한다.[28]

28_송도규(1997), pp. 3-13 참조.

8.2. 자연언어 자동처리를 위해 제안된 문법, 형식문법

컴퓨터에 의한 자연언어의 자동처리를 가능케 하기 위한 전제조건 중 하나가 바로 언어 규칙, 즉 문법을 모델화 하는 것이다.

자연언어 문장은 무한하다. 인간이 가진 언어 능력에 의해 무한한 자연언어를 생성할 수 있는 유한 규칙을 문법이라 정의할 수 있고, 이 문법에 대한 수학적 모형을 형식문법이라고 이름 붙이게 되었다. 형식문법이란 프로그램 작성 언어의 구조를 나타내기 위한 문법으로 모든 문법적인 문자열, 즉 정문을 인식, 생성하는 동시에 비문법적인 문자열, 즉 비문은 전혀 인식, 생성하지 않는 체계적 장치를 말한다. 형식문법의 목표는 정문을 비문으로부터 구분하고 정문의 구조를 규명하는 것이다. 따라서 형식문법은 유한개의 규칙을 통해 어떤 문자열이 특정 언어에 포함되는지를 판단하거나, 그 문법으로부터 어떤 문자열을 생성해 낼지를 정한다. 다시 말해, 형식문법은 재귀적(récursive) 방법에 입각한 유한한 규칙으로 무한한 문장의 생성을 가능하게 한다.

8.2.1. 형식 언어의 정의

① 알파벳 Σ

기호들의 집합(ensemble de symboles)

$\Sigma_1 = \{a, b, c, \cdots x, y, z\}$

$\Sigma_2 = \{0, 1, 2, \cdots 9\}$

② 단어(Mots)

일련의 기호들(suite de symboles)

단어들의 집합은 Σ의 문자들을 조합해서 만든 집합 : Σ^*

$$\Sigma^* = \Sigma^+ \cup \{e\}$$

$$\Sigma^* = \bigcup_{n=0}^{\infty} \Sigma^n$$

$$\Sigma^+ = A^* - \{e\} = \bigcup_{n=1}^{\infty} A^n$$

③ 언어(ensemble de mots)

Σ^*의 모든 부분집합

④ 모노이드(monoïde)

형식적으로, (E, *)와 같은 대수적 구조는 다음 조건을 만족시킬 때 모노이드(monoïde)라 한다.

① $\forall (x,y) \in$, $x*y \in E$ (stability)

② $\forall (x,y,z) \in$, $x*(y*z) = (x*y)*z$ (associativity)

여기에서 항등원을 주면 자유모노이드(E, *, e)가 된다.

③ $\exists e \in E$, $\forall x \in E$, $x*e = e*x = x$ (항등원 존재)

$(IN, +, 0)$, $(IN, \times, 1)$는 자유모노이드이다.

예) 알파벳 A={0,1}

A^0={e} (정의)

A^1={0,1}

A^2={0,1}^{2}={00,01,10,11}

A^3={0,1}^{3}={000,001,010,011,100,101,110,111}

$\vdots$

A^*={0,1}*={ ε,0,1,00,01,10,11,000,001,$\cdots$}

A^+={0,1}$^+$={0,1,00,01,10,11,000,001,$\cdots$}

이처럼 알파벳 A로 만들어진 길이 n의 단어들의 집합은 A^n로 표기한다.

$$A^n = \{|x_1, x_2 \ldots x_n| \,\forall\, i, 1 \leq i \leq n, x_i \in A\}$$

알파벳을 영어의 자모 26자로 주면, 단어는 자모들의 집합이며, 단어들의 집합이 문장이 된다. 여기에서는 언어를 문장들의 집합으로 본 것이다.

파생(dérivation)

'U→V'는 어떤 $U_1, U_2, \cdots, U_k$에 대해 다음이 성립함을 의미한다.

$$U \longrightarrow U_1$$
$$U_1 \longrightarrow U_2$$
$$\vdots$$
$$U_{k-1} \longrightarrow U_k$$
$$U_k \longrightarrow V$$

8.2.2. 형식문법의 규칙

G = {Vn, Vt, R, P}

Vn : 비종단기호(vocabulaire non-terminal) (대문자로 표기)

Vt : 종단기호(vocabulaire terminal) (소문자로 표기)

R : 다시쓰기 규칙

P : 시작 기호 (공리 ≃ 문장)

G로 의해 정의된 언어를 L(G)로 표기한다.

L(G)의 문장은 V_t^*의 모든 연쇄(Chain)이다.

$$L(G) = \{x \mid x \in V_t^* \text{ and } P \rightarrow x\}$$

예를 들어 다음과 같은 문법 G가 있다고 하자.

Vn = {P, GN, GV, D, N, V}

Vt = {le, chat, poisson, mange, dévore}

R : l'ensemble des règles

1) P → GNGV

2) GV → VGN

3) GN → DN

4) D → le

5) N → Chat

6) N → Poisson

7) V → mange

8) V → dévore

이 문법은 다음 문장을 생성한다.

Le chat dévore le poisson.

1) GNGV

3) DNGV

4) le N GV

5) le chat GV

2) le chat V GN

8) le chat dévore GN

3) le chat dévore DN

4) le chat dévore le N

6) le chat dévore le poisson

이 문법은 구조주의 언어학의 산물인 구(절)구조문법(Grammaire syntagmatique)이다. 촘스키의 문법계층[29]에서는 유형 2에 속하며, 문맥자유문법(grammaire hors-contexte)이라고 불린다. 위의 모든 규칙은 아래와 같이 하나의 규칙으로 통합할 수 있다.

$$\{A{\to}r \mid A{\in}V_n, r{\in}V^*(V_n{\cup}V_t)\}$$

즉, 왼쪽에는 단 하나의 종단기호가 있어야 하고, 오른쪽에 아무것도 없어서는 안 되고 Vn과 Vt의 결합이어야 한다.

예) A → BC

A → aBcDeA

29_'촘스키 문법계층'(1956) : 네 가지 유형의 형식문법과 형식언어

	문법	언어	인식하는 기계	규칙	
유형 0	무제한문법	순환적 열거 가능 언어	튜링 머쉰	$\alpha \to \beta$	$\alpha, \beta{\in}(St \cup Sn)^*$ α는 한 개 이상의 비단말 기호 포함
유형 1	문맥의존 문법	문맥의존 언어	선형 한계 오토마타	$A\alpha\,B \to A\beta\,B$	$A, B, \beta{\in}(St \cup Sn)^*,$ $\alpha{\in}Sn, \beta{\neq}\varepsilon$
유형 2	문맥자유 문법	문맥자유 언어	푸시다운 오토마타	$A \to \alpha$	$\alpha{\in}(St \cup Sn)^*, A{\in}Sn$ 왼편에 오직 하나의 비단 말기호
유형 3	정규문법	정규언어	유한상태 오토마타	$A{\to}\alpha B, A{\to}\alpha, A{\to}\varepsilon$ 혹은 $A{\to}B\alpha, A{\to}\alpha, A{\to}\varepsilon$	$A, B{\in}Sn, \alpha{\in}St$

Sn : 비단말기호(symbole non terminal)

St : 단말기호(symbole terminal)

$$A \rightarrow abc$$

문맥자유문법에 다음과 같은 제한사항을 주면 촘스키 문법계층의 유형 3이 된다.

$$A \rightarrow aB$$

$$A \rightarrow a$$

이것은 정규문법(grammaire régulière)이라고 불리며 유한상태 오토마타(Automate à états finis)에 의해 실현된다.[30]

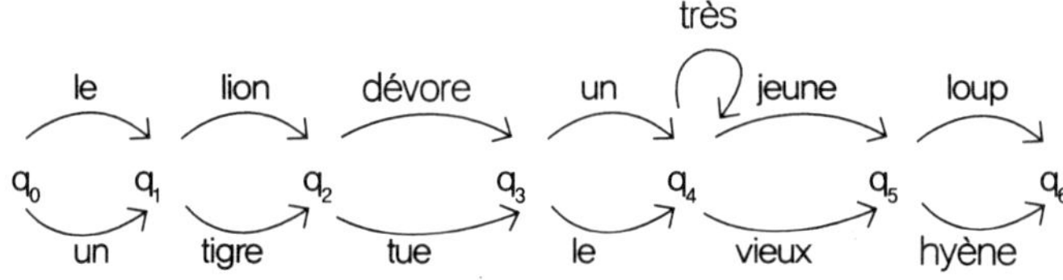

상태 q_i는 상태 q_{i+1}에 제약을 가한다. 즉, 산출된 각 어휘는 오직 선행하는 어휘에 의존한다. 이를 선형제약(contrainte linéaire) 또는 마르코프(Markov)제약이라고 한다.

유한상태 오토마타에 의해 기술되는 문법은 상당히 강력한데, 유한한 단어들의 집합으로부터 거의 무한정한 문장들을 생성할 수 있기

30_유한상태 오토마타는 우리의 일상생활에서 흔히 접할 수 있다. 현금 인출기, 지하철 회전문, 세탁기, CD-플레이어, 커피자판기 등이 그 예들이다.

때문이다.[31] 그러나 유한상태문법(grammaire à états finis)은 모든 프랑스어 문장을 생성할 수는 없다. 예를 들어, 알파벳 {a,b}만으로 이루어진 형태는 유한상태문법에 의해 생성될 수 없다.[32]

(21) Wolfs wolfs ate ate.

(Des loups que des loups ont mangé ont mangé, loups ont mangé ont mangé.)

더 나아가서, 유한상태문법은 모두 자연어에서 존재하는 삽입문을 생성할 수 없다. 이것은 흔히 'abba'와 같은 거울구조로 나타난다. 그러나 문맥자유문법은 이런 거울구조를 생성할 수 있다.

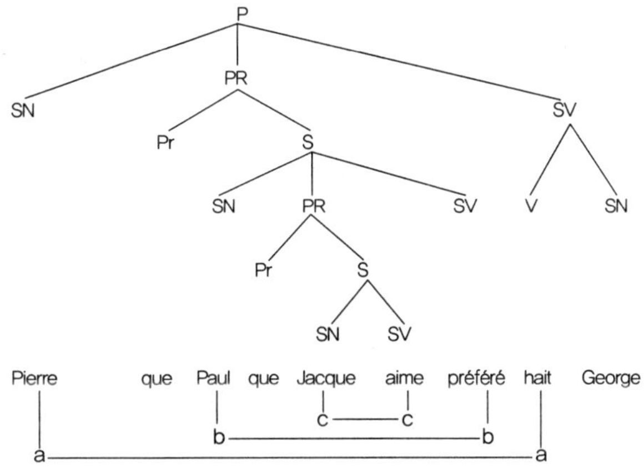

31_ 예를 들어 반복실행명령(boucle)을 이용하면, "le début de la guerre de la drogue des familles de la mafia de Sicile"와 같은 명사구도 생성할 수 있다.

32_ 이런 형태는 문맥자유문법으로는 생성 가능하다.

$$S \to aAb$$
$$A \to aAb$$
$$A \to ab$$

이런 문장을 생성하는 문법은 다음과 같다.

$$P \rightarrow SN + PR + SV$$

$$PR \rightarrow Pr + SN + PR + SV$$

$$PR \rightarrow Pr + SN + SV$$

다음의 문장도 삽입회귀를 보여주는 문장이다.

(22) Le type dont l'homme que l'ami que Marie que je déteste a vu
a adoré m'a parlé est un imbecile.

물론 이런 문장이 진술가능한지에 대해 의문을 제기할 수도 있지만 이것은 어디까지나 이론적 차원에서 그렇다는 말이지 현실적으로는 기억력의 한계로 인해 회귀 규칙을 무한정 반복해서 적용할 수는 없다.

회귀에는 이밖에도 좌회귀와 우회귀가 있다.

① 좌회귀

$$SA^{33} \rightarrow Adv + Adj$$

33_SA: syntagme adjectival.

$$Adv \rightarrow Adv + Adv$$

ex : apparemment pas très bien habillé

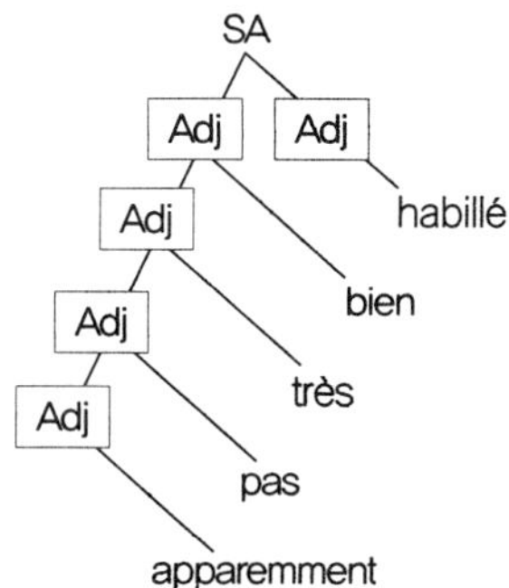

영어의 경우, "Her sister's husband's uncle's friend's daughter's house"가 전형적인 좌회귀 구조이다.

② 우회귀

$$SN \rightarrow Dét + GN(ou\ N)$$

$$GN \rightarrow N + SP$$

$$SP \rightarrow Prép + SN$$

ex : Le cousin de la femme du patron

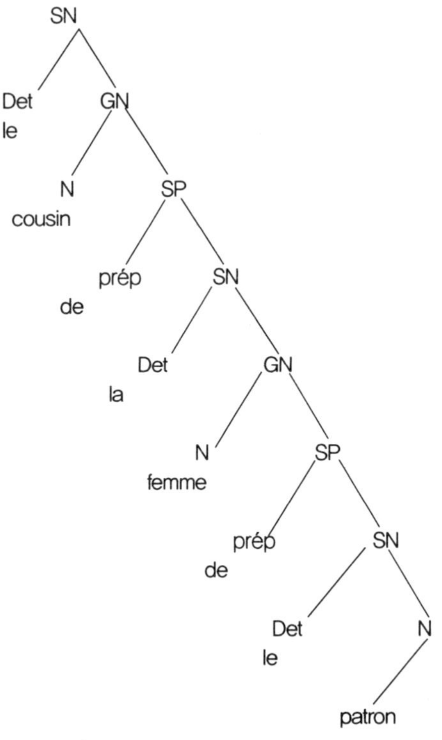

반복되는 비종단기호, SN, GN, SP등이 회귀를 성립시키는 요소
들이다. 다음의 문장도 우회귀 문장이다.

(23) Mon voisin aime son patron dont la femme a un copain dont le
cousin déteste ce type qui est propriétaire d'un bateau.

8.2.3. 형식화의 중요성

먼저 이론적 차원에서, 형식화(formalisation)는 언어현상을 보다 잘 기술할 수 있게 해줄 뿐만 아니라, 형식화된 다른 학문들(수학, 물리학 등)에서와 마찬가지로 미리 알 수 없었던 새로운 사실을 알게 해주고, 또한 새로운 질문을 제기할 수 있게 해준다. 요컨대 형식화는 언어학을 엄밀한 의미의 과학적 차원으로 업그레이드 하는 데 결정적 역할을 한다고 볼 수 있다.

실용적 차원에서, 형식화 작업은 자연언어 자동처리에 필수적이다. 자연언어 자동처리는 위에서 언급한 자동번역 외에도 다양한 분야에서 적용될 수 있다. 데이터베이스에 대한 자동 질의 - 응답 시스템 등을 이용한 자연언어로의 정보 검색, 특정 분야에서 주어진 정보에 근거하여 인간 전문가처럼 적절한 판단 및 충고를 사용자에게 제공하는 전문가 시스템, 자동통역, 컴퓨터를 이용한 언어 교육과 습득, 텍스트의 요약과 작성, 자연언어를 통한 각종 기계 작동 등 적용 범위가 무한하고 그 실용적 가치가 매우 크다고 할 수 있다.

그러나 구 구조문법은 물론이고, 이제까지 제안된 다른 형식문법들의 적용범위는 매우 한정되어 있어서 오직 자연언어의 부분집합만을 기술할 따름이므로 앞으로 자연언어에 대한 보다 많은 경험규칙의 축적이 선행되어야 할 것이다.

연습문제 ——————————————————*exercices*

1. 다음 문장들에서 구성성분은 그대로 유지하면서 의미를 바꾸어 보고 문장을 구성하는 단위들의 순서가 어떻게 의미작용에 기여하는지를 설명하시오.

    a. Philippe aide Juliette.

    b. Vous désirez manger.

    c. C'est une ancienne gare.

    d. Nous pourrions tous les dégager.

2. A. 다음 문장들을 각각 두 개의 구성성분으로 나누시오.

    a. Ils composent le numéro.

    b. La mère au foyer a un sort injuste.

    c. Le sort de la femme au foyer est injuste.

    d. Ceux qui travaillent dans cette société méritent un traitement équitable.

    e. De plus en plus d'adolescents partent en vacances avec leurs copains.

    f. Tout le monde aime mieux être en vacances que travailler.

B. A를 통해 알 수 있는, 전통적 분석의 관점에서 문장을 구성하는 두 요소는 무엇인가?

3. 다음 문장들에서 구성체(construction)를 찾아서 열거하고, 그 각각의 구성체에서 직접구성성분들을 찾아내시오.

a. Cette petite fille a réussi l'examen. (6 constructions)

b. L'excellent fromage de la Normandie est en vente dans cette épicerie. (10 constructions)

4. 다음 문장들 혹은 표현에서 구성성분을 다른 요소로 대체하는 방법을 사용하여 최초의 직접구성성분을 찾아보시오.

a. Ces misérables n'avaient rien pour se protéger de la chaleur.
b. L'équipe des anglais va gagner.
c. Les entreprises font des profits grâce à des placements osés.
d. beaucoup de jeunes gens

5. Lisa veut venir라는 문장의 심층구조는, 동사의 법(mode)을 무시하면 [Lisa veut] [Lisa vient]과 같이 나타내어질 수 있다.

a. 이 심층구조를 표면구조로 나타내기 위한 변형규칙을 만들어 보시오.

b. 두 SN(명사구)의 차원에서, 어떤 조건 하에서 이 규칙이 작용하는가?

6. 다음 문장들의 수형도를 그리시오.

   a. L'oiseau pose ses pattes sur une branche.

   b. Le grand pianiste joue bien.

   c. La fille de Sophie va à la crèche.

7. casser sa pipe가 mourir(죽다)의 뜻일 경우, 서술동사 구문으로 분석이 불가능함을 증명하시오.

8. prendre 동사가 일반동사(즉, 서술동사)로 쓰인 경우의 예문과 기능동사로 쓰인 경우의 예문을 각각 1개씩 들어보시오.

9. 서술명사 calcul을 현동화시킬 수 있는 기능동사들이 어떤 것들이 있는지 조사해보시오.

10. 문장 Luc a conseillé à Paul de partir.에서 술어 역할을 하는 것은 동사 conseiller이다. 이 문장을 기능동사 구문으로 바꾸어보시오.

11. 보통 추상명사가 문장에서 술어 역할을 하는데 모든 추상명사는 술어인
지에 대해 논하시오.

12. 다음과 같은 언어를 생성하는 문맥자유문법(유형2)을 만드시오.

① $L_1 = a^n b^m a^n (n, m \geq 1)$

② $L_2 = a^n b^n a^m b^m = (n, m \geq 1)$

13. 다음과 같은 언어를 생성하는 문맥의존문법(유형 1)을 만드시오.

$L_1 = a^n b^n c^n = (n \geq 1)$

14. 아래 자연언어의 문장들을 술어논리의 언어로 번역하시오.[34]

a. Alexandre n'est pas ennuyeux.

b. Tout est sucré ou salé.

34_ 이에 대한 내용은 본문에서 취합하지 않았지만, 정식의미론의 기초를 다루기 때문에 문제만이
라도 싣는다. 명제논리의 술어논리에 관해서는 정계섭 (2007), pp. 3 – 35.를 참조.

c. Soit tout est sucré, soit tout est salé.

d. Qui dort dîne.

e. C'est Pierre qui est quadrumane.

f. Il y a des hommes qui ne sont pas unijambistes.

g. Tout le monde aime quelqu'un.

h. Si tous les homards sont gauchers alors Alfred aussi est gaucher.

i. Quelqu'un a envoyé une lettre anonyme à Anne.

j. Seule Chloé est réveillée.

k. Il existe des éléphants roses.

l. Quelque chose me gratouille et me chatouille.

m. Quelque chose me gratouille et quelque chose me chatouille.

n. Nîmes est entre Avignon et Montpellier.

o. S'il y a des perroquets ventriloques, alors Jacko en est un.

p. Anne a reçu une lettre de Jean, mais elle n'a rien reçu de Pierre.

q. Tout fermier qui possède un âne est riche.

r. Il y a quelqu'un qui a acheté une batterie et qui est en train d'en jouer.

s. Il y a un seul océan.

t. Personne n'aime personne.

제7장

의미론(La sémantique)
프랑스어의 의미

의미론은 언어의 의미를 연구하는 학문이다("La sémantique est la science des significations linguistiques.") 다시 말해 기호소 (monème)의 내용(contenu)에 관한 연구, 즉 기의(signifié)에 관 한 연구이다.

의미론이라는 단어는 그리스어의 sema(기호signe, 표시mar-
que), semaino(의미하다signifier, 가리키다indiquer)에서 만들어진
semantikos(signifié)에서 유래되었다. 음성학(phonétique)에 대립시켜
처음으로 의미론(sémantique)이라는 용어를 사용한 사람은 19세기 말,
〈의미론 서설 Essai de sémantique〉(1897)을 쓴 브레알(Michel Bréal,
1832-1915)이다.

어떤 말의 뜻을 안다는 것은 그 말이 환기시키는 개념(concept)을
아는 것으로 의미론은 언어의 의미를 연구하는 학문이다.("La séman-
tique est la science des significations linguistiques.")[35] 다시 말해 의미론은 기호
소(monème)의 내용(contenu)에 관한 연구, 즉 기의(signifié)에 관한 연구
이다.

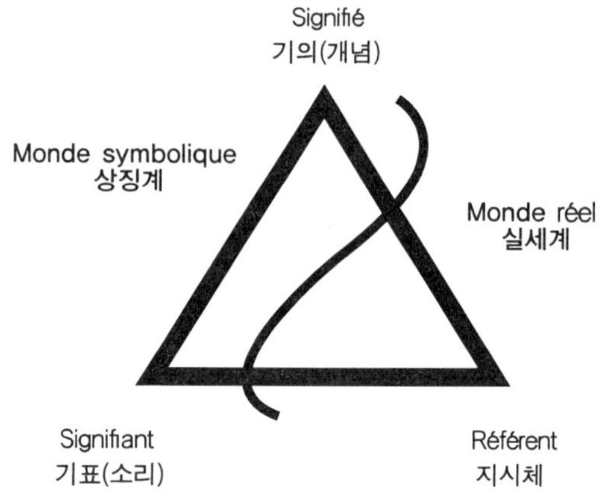

【그림-1】

35_Mounin, G. (1997) 참조.

　　의미 연구는 직접 관찰할 수 없고 과학적, 객관적 기준을 정하기 어렵기 때문에 다른 분야에 비해 언어학에서 오랫동안 등한시되어왔다. 소쉬르에 의해 공시적인 연구가 중요한 위치를 차지하기 이전의 의미에 관한 연구는 일종의 의미변화에 관한 연구였다. 의미론이 언어학의 한 분야로 자리 잡게 된 것은 브레알이 등장하면서인데, 브레알은 의미론을 순수한 역사적 연구라고 생각하고 의미변화의 문제를 주로 다루었으며 사회가 의미변화에 미치는 영향을 연구하였다. 1930년대에 와서는 역사적인 관점이 철학적인 연구와 의미기능의 분석적인 연구 등 기술적인 연구로 방향이 바뀌었다. 소쉬르에 기반을 둔 현대 의미론은 특히 성분분석에 많은 관심을 두었다. 한편, 미국에서는 카츠(Jerrold Katz, 1932-2002)와 포더(Jerry Alan Fodor, 1935-)가 변형생성문법의 테두리 안에서 해석의미론을 연구했고, 그 뒤 레이코프(George Lakoff, 1941-)나 맥콜리(James David McCawley, 1938-1999)는 생성의미론을 내세웠다. 촘스키, 자켄도프(Ray Jackendoff, 1945-) 등은 확대표준이론 안에서 해석의미론을 더 심화시키기도 했다. 이러한 의미론들은 단어를 중심으로 의미를 연구하던 이전 시기와는 달리 문장의 통사적 의미에 대해 연구하였다. 변형생성문법의 범위 밖에서는 의미연구에 있어 진리치의 문제가 거론되었고 화용론이 대두되면서 인식의 문제가 도입되기도 하고 있다.[36]

　　의미론은 여러 분야와 인접하고 있어서 학자마다 의미를 연구할

---

[36] 네이버 지식사전 참조.

때 해당 영역을 달리하기도 한다. 예를 들어 어떤 학자들은 의미론을
단어들의 의미에 관한 학문으로 규정짓고 우리가 어휘론에서 다루었
던 장(champs) 이론을 포함시키기도 하고, 또 어떤 학자들은 단어나
어휘소에 근거를 두는 어휘론과 문장 차원에서 의미관계를 연구하는
의미론을 구분하기도 한다. 또 어떤 학자들은 의미론이 어휘론과 통사
론에 걸쳐서 연구되어야 한다고 주장한다.

우리는 여기서 의미에 대한 연구를 크게 단어 차원의 연구와 문장
차원의 연구로 나누어 살펴보도록 한다.

01

단어 차원의 연구

언어기호는 기표와 기의로 이루어져 있고 어떤 언어외적 대상(ré-férent, 지시체)을 명명하기 위해 사용된다. 단어의 차원에서 연구할 때 의미론의 대상이 되는 것은 다음의 세 가지로 나누어 생각해볼 수 있다. 기의와 지시체의 관계, 기의들 간의 관계(어휘 차원, 문장 차원), 기의들을 구성하는 요소들인 의미성분 분석(analyse sémique)이 그것이다.

1.1. 기의와 지시체의 관계

먼저 기의와 지시체의 관계를 연구 대상으로 삼을 수 있다. 동일한 대상을 두고 부르는 말이 다를 수 있는데, 그 예로 le maître d'Alexandre와 l'élève de Platon을 들 수 있다. 두 표현 모두 동일한 대상인 아리스토텔레스를 지칭하는 말이다.

그러나 동일한 대상을 가리키나 문장 내에서 의미 개념이 붙어지는 대상도 고려해야 하는 경우가 있다. 다음의 두 문장(1a)와 (1b)에서 Jocaste와 sa mère는 동일 인물을 가리키지만 오이디푸스가 결혼하려 한 것은 이오카스테이지 자기 어머니가 아니므로 문장 (1b)는 거짓이 된다.

　(1a) Oedipe voulait épouser Jocaste.

　　　오이디푸스는 이오카스테와 결혼하려 했다. – 참

　(1b) Oedipe voulait épouser sa mère.

　　　오이디푸스는 자신의 어머니와 결혼하려 했다. – 거짓

1.2. 기의들 간의 관계

자연언어에서는 하나의 기의가 하나의 기표에 연결되는 일대일 대칭 관계는 대부분 성립되지 않는다. 이런 비대칭한 양상을 보여주는 여러 의미 관계 유형을 살펴보면 다음과 같다.

1) 동의관계(synonymie)

동의어란 하나의 기의가 둘 이상의 기표와 연결된 것이다.

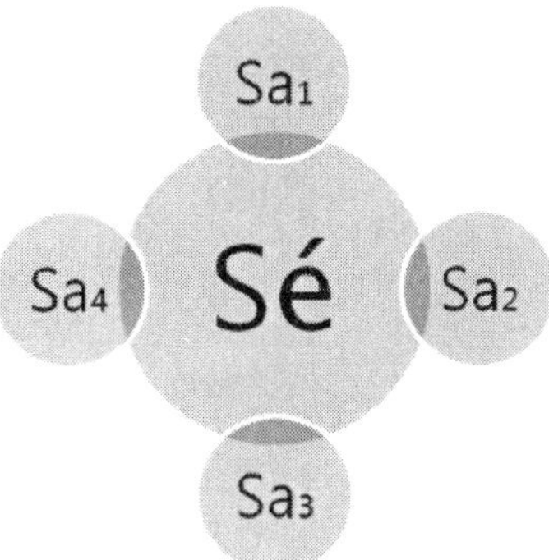

1 Sé – n Sa (n≥2)

예로 vélo–bicyclette(자전거), bouquin–livre(책)을 들 수 있다. 똑같은 의미를 지닌 단어라 하더라도 같은 상황에서 쓰이지 않는 경우가 많으므로 완전한 동의어란 존재하지 않는다고 할 수 있다.

2) 동음이의관계(homonymie)

동음이의어는 하나의 기표가 둘 이상의 기의와 연결된 것이다.

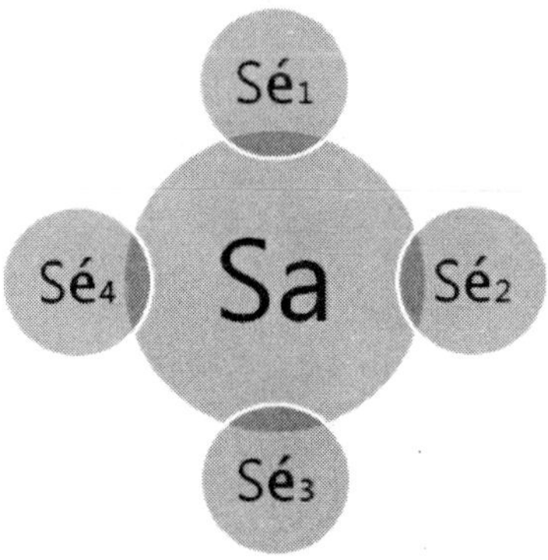

1 Sa - n Sé (n≥2)

(forme phonique)

동음이의어는 두 가지 형태로 나타날 수 있는데, 두 기표가 철자는 다르고 발음이 같으면 동음이형어(homophones), 철자도 발음도 같으면 동형동음어(homographes)라 한다. 동음이형어의 예로는 père-pair, chaire-chair-cher를 들 수 있고, 동형동음어의 예로는 la grève(파업)-la grève(모래사장), le port(항구)-le port(착용), la mémoire(기억력)-le mémoire(보고서), la tour(탑)-le tour(일주) 등을 들 수 있다.

3) 다의관계(polysémie)

다의어는 하나의 기표가 둘 이상의 기의를 가지고 있을 때에 해당한다. 발음이 같은 동음이의어와는 달리 다의어는 발음과 철자가 같다.

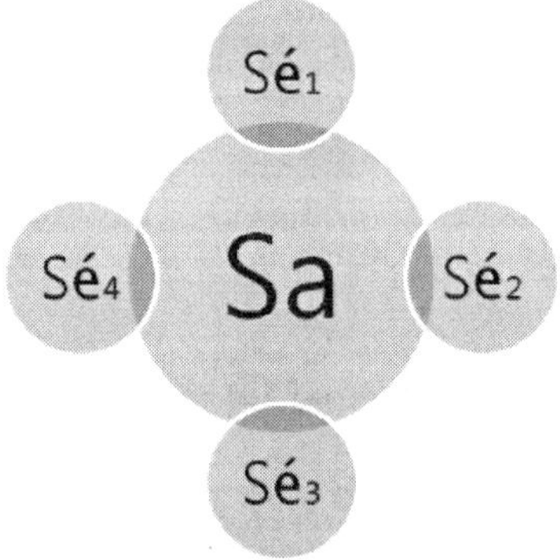

1 Sa – n Sé (n≥2)

(forme phonique + graphique)

자연언어에서 대부분의 언어기호는 다의어이다. 그 예로 사전에 나오는 opération의 정의들을 정리해보면 다음과 같다.

① une suite d'actions effectuées avec une fin déterminée 어떤 특정한 목적을 가지고 행해지는 일련의 행위
② manoeuvre 군사작전
③ un sens socio-contextuel 사회적 상황의 의미

예를 들어 L'opération 'bison futé' est en cours 라는 문장은 항목 ③에 해당하는 경우로 사회적인 의미를 지닌다. bison futé를 직역하면 '약삭빠른 들소'라는 뜻으로 교통 상황 정보를 가리키는 말이고, 따라서 L'opération bison futé는 '바캉스철에 덜 붐비는 도로로 가라'는 작전을 가리키는 말로 사용된 것이다.

4) 은유(métaphore)

의미의 유사성 때문에 생기는 것으로 하나의 사물을 다른 사물의 관점에서 보는 것이다. 원천적으로 비슷한 의미가 확장되어 현실에 대한 새로운 관점을 제시하게 된다. 예를 들어, 'le poids de l'impôt'라는 표현에서 poids는 물리적인 무게가 의미적으로 확장되어 '세금의 부담'이라는 추상적 의미를 갖게 된다. 'le poids des années'에서도 마찬가

지로 poids는 추상적 의미로 확장되어 '세월의 무게'라는 표현이 된다.

5) 환유(métonymie)

환유는 어떤 단어가 무엇을 가리킬 때 한 낱말 대신 다른 낱말을 사용하는 것이다. 즉 어떤 하나의 대상과 물리적, 논리적 관계를 가지는 다른 것으로 대신 표현하는 것이다. 이런 단어가 지니는 의미의 관계, 의미의 확장에는 여러 유형이 있는데 그 중 몇 가지만 들면 다음과 같다.

① 포함하는 것이 포함된 것을 대신하는 경우

(3) <u>Toute la ville</u> en parle. (도시 전체가 그 이야기를 한다.)

여기서 '도시 전체'는 '도시에 사는 모든 주민들'을 대신하여 쓰인 것이다. 마찬가지로 아래의 문장에서 '주전자'는 '주전자에 든 물'을 말한다.

(4) <u>La bouilloire</u> chante. (주전자가 끓는다)

② 원인이 결과를 대신하는 경우

(5) Mon voisin vit de son métier d'écrivain. (내 이웃은 작가라는 직업으로 살아간다)

이 문장에서 '작가라는 직업'은 그 직업으로 얻은 결과인 '수입'을
의미한다.

③ 물질적인 것으로 정신적인 것, 추상적인 것을 가리키는 경우

(6) Une dame de fer (철의 여인)

여기서 '철'은 철이 가진 강인함을 뜻하는 것으로 이 표현은 권위주
의적이고 굳센 의지를 가진 여인을 일컫는 말이다.

(7) du berceau à la tombe (요람에서 무덤까지)

이 표현에서 '요람'은 '탄생'을, '무덤'은 '죽음'을 가리킨다.

④ 부분으로 전체를 가리키는 경우

이런 경우를 제유(synecdoque)라고 한다. 제유는 부분으로 전체를
나타내거나 전체로 부분을 나타내는 것을 말하는데, 제유도 환유의 일
종으로 볼 수 있다.

quarante voiles이라는 표현에서 'voiles'은 원래 '돛'을 뜻하나 여
기서는 부분의 의미가 확장되어 '배'라는 전체를 지칭하게 된다. 마찬
가지로 Un troupeau de cinquante têtes 라는 표현에서 'têtes'는 '머
리'가 아니라 '동물'을 가리키는 것으로 50마리의 동물을 말한다. 또 다

른 예로는 Une jeune fille de quinze printemps을 들 수 있는데 'prin-
temps'은 여기서 '봄'이 아니라 '해', 따라서 '15세의 소녀'라는 뜻으로
사용되었다.

프랑스어와 한국어, 두 언어에서 유사하게 쓰이는 예들도 찾아볼
수 있다. 예를 들어 être sans toit에서 'toit'는 '지붕'이 아니라 '집'이라
는 뜻으로 사용되었는데 한국어에서도 이와 유사하게 '한 지붕 세 가
족' 같은 표현을 사용하고 있다. 또한 'visage'가 '얼굴'이 아니라 '사람'
이라는 뜻으로 두 언어에서 사용되는 경우도 흔히 볼 수 있다.

(8) Il découvrit de nouveaux visages. (= des personnes nouvelles)

(9) 새로운 얼굴이 보이네?! (= 새로 온 사람)

6) 반의관계(antonymie)

① 상보 반의어(antonymes des complémentaires)

상보적 반의어란 둘 중 하나가 참이면 다른 하나는 거짓이 되는 관
계를 말한다. 그러므로 반드시 둘 중 하나를 선택해야 한다.

(10) mâle – femelle / mourir – vivre / mort – vivant / marié – céliba-
taire / 삶 – 죽음 / 살다 – 죽다 / 있다 – 없다 / (잠이) 깨다 – 자다 /
미혼 – 기혼

② 관계 반의어(antonymes des réciproques/antonymes relationnels)

이 반의어는 상호관련이 있어서 어느 한 쪽이 없으면 다른 한 쪽이
존재할 수 없는 경우를 말한다.

(11) acheter—vendre / employé—employeur / 판매—구매 / 고용주—
　　　고용인

③ 계층 반의어 또는 정도 반의어(antonymes gradables)

계층 반의어는 중간단계가 있어서 절대적 기준을 가지지 않으므로
둘 다 거짓일 수 있다.

(12) grand—petit / chaud—tiède—froid / heureux—malheureux /
　　　덥다—춥다 / 빠르다—느리다

계층 반의어에도 여러 가지 관계가 존재한다. 예를 들어, 비순환
적 과정에 속하는 관계로는 bébé—enfant—adolescent—adulte를 들
수 있고, 주기적 현상에 속하는 관계로는 요일을 생각해볼 수 있다.
lundi-mardi-mercredi-jeudi-vendredi-samedi-dimanche
　　또한 주기적 현상이 아닌 예로는 cru / au bleu / à point / bien
cuit, bien portant / malade / guéri를 들 수 있다.

④ 방향성 반의어(antonymes directionnels)[37]

주어진 한 장소에 대해 맞선 방향을 전제로 하여 관계나 이동의 측면에서 대립하는 경우를 말한다.

(13) monter—descendre / arriver—partir / aller—venir / 상승—하강

그 외, 하나의 단어인데 반대의 의미를 가지는 경우도 있다.

(14) hôte : 초대하는 사람(celui qui invite), 초대받은 사람(invité)
(15) loueur : 집 빌린 사람, 집 빌려주는 사람

지금까지 살펴본 의미 관계들에서 주의해야할 것은 동의관계나 반의관계는 고정 불변이 아니라 문맥에 따라 달라질 수 있다는 점이다. 그 예로 아래의 표에서 볼 수 있듯이 형용사 délicat나 sérieux는 어느 명사와 함께 쓰이는지에 따라 그에 해당하는 동의어와 반의어가 달라진다.

<표 1>

형용사	명사구	동의어	반의어
délicat	un enfant délicat un tissu délicat un sentiment délicat	maladif 허약한 fragile 약한 fin 순수한	robuste 튼튼한 solide 질긴 grossier 치졸한
sérieux	un étudiant sérieux une maladie sérieuse une raison sérieuse	travailleur 열심히 공부하는 grave 중한 grave 중대한	paresseux 게으른 bénigne 가벼운 futile 하찮은

7) 상위어-하위어 관계(hyperonymie – hyponymie)

상위어와 하위어 관계는 어휘 단위의 기의에 적용되는 포함 관계, 즉 의미범주에 따른 포함관계를 말한다.

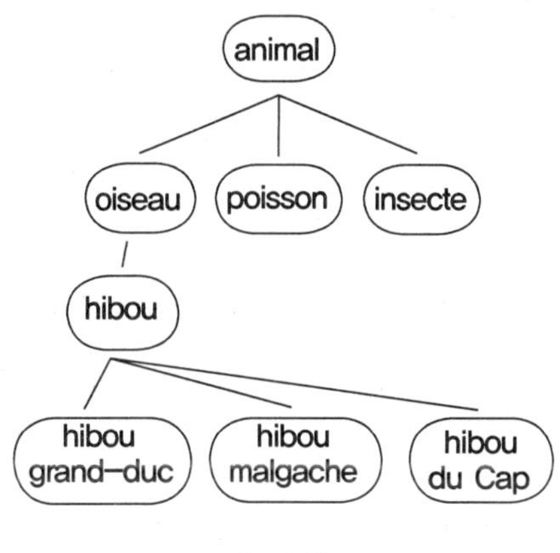

【그림 1】

1.3. 의미성분 분석

1.3.1. 포티에의 의소 분석

의미성분 분석은 '하나의 어휘소의 의미(Sé)는 몇 개의 의미자질(traits de sens, 의소)로 분해될 수 있다'라는 가설에 입각하여 해당 어휘소의 기의들의 내적 구조를 연구하는 것이 그 목적이다. 이 분석은 음소의 분석 방법에서 음소를 추출해낼 수 있게 해주는 대치(commutation)의 방법을 그대로 따와서 의미론에 적용하는 것이다. 단, 이 분석은 같은 부류로 묶을 수 있는 명사들에만 한정된다.

여기서 이 분석에 사용되는 용어들을 정리해 보자. 형식적으로 분해가 불가능한 단위가 의미적으로 분해될 수 있는데, 이 때 분해된 의미 단위들을 의소(sème)라고 한다. 의소는 의미의 최소 변별 단위로, 따로 분리되어 다른 의소와 대치될 수 있다. 이 의소들이 모인 집합을 의미소(sémème)라고 하고, 한 어휘소의 특수 의소들의 집합, 즉 핵심 의소들(sèmes nuclaires)의 집합을 어의소(sémantème)라고 한다. 어휘 형태소를 어휘소(lexème)라고 하듯이 의미의 관점에서의 어휘소를 '어의소'라 부른다.

포티에(Bernard Pottier, 1924-)의 의소 분석의 예를 살펴보면 다음과 같다.[38]

38_Germain, C. & LeBlanc, R. (1982). vol. 5: La sémantique, pp. 51-54 참조.

<표 2>

의소 \ 어휘소	앉기 위한 것	발	일인용	등받이	팔걸이	딱딱한 소재
siège	+	∅	∅	∅	∅	∅
chaise	+	+	+	+	−	+
fauteuil	+	+	+	+	+	+
tabouret	+	+	+	−	−	+
canapé	+	+	−	+	+	+
pouf	+	−	+	−	−	−

∅ : 문제되지 않음

+ : 있음

− : 없음

의소 '팔걸이'는 fauteuil를 chaise로부터 구분시켜주고, '등받이'는 chaise와 tabouret를, '일인용'은 fauteuil와 canapé를 구분시켜준다. '앉기 위한 것'은 여기서 원의미소(archisémème)에 해당한다.

하지만 모든 단어에 이런 분석을 적용할 수는 없다. 분석자의 주관이 개입될 수도 있고 경험할 수 없는 것은 분석이 불가능하기 때문이다. 그러나 의소 분석은 외국어를 가르치는 데 있어서는 아주 유용하다.

1.3.2. 생성문법학자들의 의미성분 분석

생성문법학자들의 의미성분 분석은 특히 사전 항목을 구성하는 기술로서 행해졌다.

단어 'canard'에 대한 카츠(Katz)와 포더(Fodor)의 분석의 예를 살펴보자. 'canard'는 사전에서 다음의 의미를 가진 보통 명사임을 알 수

있다.[39]

① un oiseau palmipède 물갈퀴 달린 새

② la viande de ce même oiseau 오리 고기

③ une fausse nouvelle 허위 보도

④ une note fausse et criarde 부정음

⑤ un morceau de sucre (dans le café) (커피 또는 브랜디에 담근) 각설탕

그들은 '원자 개념'으로 각 어휘 단위를 분해하여 사전의 항목을 만들 것을 제안했다.

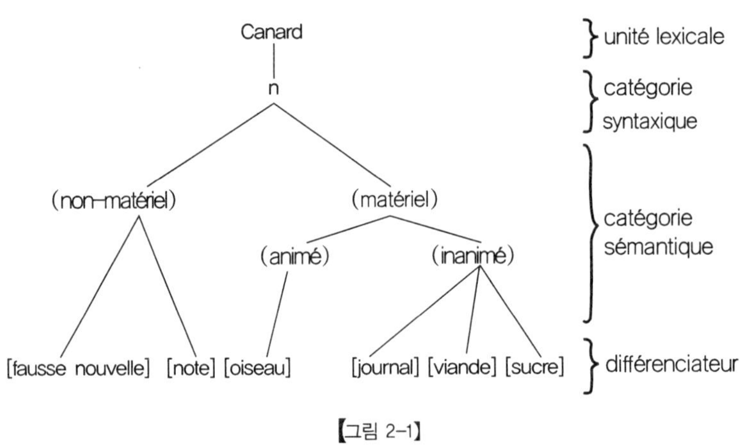

【그림 2-1】

39_Germain, C. & LeBlanc, R. (1982). vol. 5: La sémantique, pp. 61-62

위의 그림에서 괄호로 표시된 개념들은 canard라는 어휘가 가지는 의미 원자들, 즉 '의미 범주들(catégories sémantiques)'인데 이 관계를 더 계층화시켜 보면 아래의 그림과 같다.

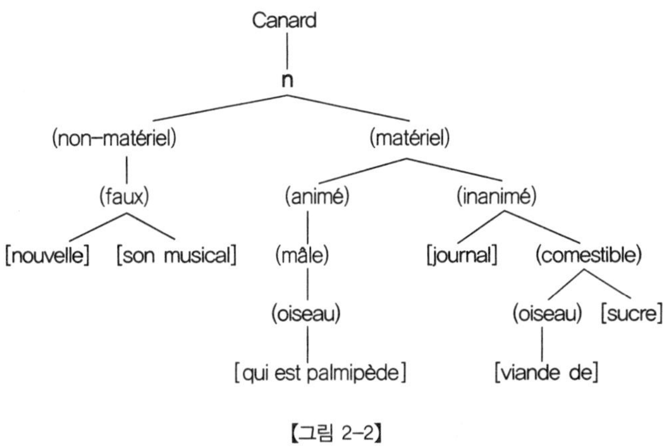

【그림 2-2】

그들에 따르면 이 개념들은 모든 언어에서 찾아볼 수 있는 보편적인 것이므로 사전은 여러 의미들 간의 비 양립성을 결정하는 데 사용되는 '선택 제약'들이 덧붙여지는 개념 체계와 같다는 것이다. 이런 관점에서 의미 자질은 한 언어의 어휘 요소들 간의 의미 관계를 기술하기 위해 가정된 이론적 요소라고 할 수 있다.

그러나 의미성분 분석은 한계를 지니고 있기도 하다. 의미 자질에 대한 정보가 반드시 언어학적 의미에 대한 정보는 아니고, 또한 의미 자질은 어휘의 기능적 차이를 설명해줄 수 없으며, 문법적 범주에 대한 정의 없이 어휘소들을 구분하게 할 수 있기 때문이다.

02

문장 차원의 연구

전체 문장이 가지는 의미는 각각의 요소가 가지고 있는 의미의 집합체일 수는 없고, 구성요소 간의 관계도 의미에 영향을 미친다. 만약 구성요소의 의미 집합체가 전체 문장 의미와 같다면 Pierre aime Marie와 Marie aime Pierre는 뜻이 같아야 하나 그렇지 않을 수 있다. 그러므로 문장 차원의 의미 연구에서는 먼저 '전제(présupposition)'에 관해 살펴보도록 하자.

2.1. 전제 이론

전제 이론에서 p가 긍정이든 부정이든 q가 항상 참으로 남아있으면 그 q를 전제(présupposé)라 하고, p가 부정이 되면 따라서 부정이 되는 q를 신정보(posé)[40]라 한다. 다시 말해 전제는 상대방이 이미 알고 있다고 간주되는 것으로 신정보 이전에 주어진 정보여서 문장이 긍정이든 부정이든 의문이든 변함이 없다. 반면, 신정보는 문장을 통해 알려주고 있는 것 또는 알게 되는 것으로 부정문에서의 신정보와 긍정문에서의 신정보는 서로 상반된다.

(16) p : Pierre continue à faire des betises.

    q : Pierre a fait des betises (dans le passé).   Présupposé

    q' : Pierre en fait (dans le présent).   Posé

(17) ~p : Pierre ne continue pas à faire des betises.

    q : Pierre a fait des betises (dans le passé).   Présupposé

    ~q' : Pierre n'en fait pas (dans le présent).   Posé

(18) p : Pierre a empêché Marie de partir.

    q : Marie cherchait à partir.   Présupposé

(19) ~p : Pierre n'a pas empêché Marie de partir.

    q : Marie cherchait à partir.   Présupposé

---

40 posé에 대해서는 통일된 용어가 아직 존재하지 않는 듯하다. 스콧 부르제(2011)에서는 '신정보'로 번역되어 있고, 강형식(2012)에서는 '제시'라는 용어를 사용하고 있다.

위의 예문들에서 볼 수 있듯이 p가 긍정이면 q는 참이고, p가 부정이더라도 q는 참이다. 그러므로 p는 q를 전제로 한다(p présuppose q ; q est présupposé par p).

전제를 구분하기 위해 뒤크로(Oswaldo Ducrot, 1930-)와 다른 언어학자들은 부정과 의문은 전제에 영향을 미치지 않는다는 기준을 제안했다. 다음의 예문에서,

(20) p : Jean se rend compte qu'il est malade.

　　 q : Jean est malade.

p를 의문문이나 부정문으로 만들면 Jean이 가지고 있는 자신의 몸 상태에 대한 인식을 문제시하게 되는 것이지 Jean이 아프다는 것은 어떤 경우에서든 전제로 남는다. 문장 차원에서 전제한다고 할 때 진리치(vérité)를 문제 삼을 수 없다. 왜냐하면 전제는 항상 참이어야 하기 때문이다.

다음의 예문에서는 전제 성립이 불가능하다. 왜냐하면 penser 동사를 사용함으로써 Jean이 아프지 않을 수도 있다는 애기가 되기 때문이다.

(21a) Jean pense qu'il est malade.

(21b) Jean ne pense pas qu'il est malade.

그렇다면 다음의 문장들을 살펴보자.

(22) x : Pierre a dénoncé Marie.

　　　y : Mais elle n'a commis aucune faute!

x는 마리가 잘못을 한 것(Marie a commis une faute)이 전제된 것인데 y는 그 전제를 부정하고 있다. 전제를 부정한다는 것은 그 말이 모순이라는 것이다. 'Mais'라는 말을 사용하였기 때문에 이런 상황이 벌어진 것이다.

그러나 현실은 그렇게 간단하지만은 않다. 다음의 문장은 프랑스에 왕이 있다는 것을 전제로 한다.[41]

(23) L'actuel roi de la France est chauve.

그러나 프랑스에는 왕, 즉 그에 대한 지시체(référent)가 없다. 그러므로 이 말은 전제 자체가 거짓이므로 거짓이 된다. 이런 유형의 문장은 논리학자들이 존재의 전제(postulat d'existence : 논항 x에 걸리는 모든 술어는 x의 존재를 전제한다)라 부르는 것의 근본적인 규칙을 위반한 것이다.

게다가 분석을 더 복잡하게 만드는 것은 전제가 사용되는 동사의 형태에 따라 달라질 수 있다는 점이다. 예를 들어 다음의 두 문장은 Pierre est venu를 전제로 하고 있다.

41_Germain, C. & LeBlanc, R. (1982), vol. 5: La sémantique, p. 75 참조.

(24a) Je sais que Pierre est venu.

(24b) Je ne sais pas que Pierre est venu.

그런데 여기서 동사 savoir를 prétendre로 바꾸어 보면,

(24c) Je prétends que Pierre est venu.

Pierre가 왔는지는 전혀 확실하지 않게 된다. 따라서 이 경우 전제
는 없다. 다른 한편, savoir를 croire로 바꾸어 보면,

(24d) Je crois que Pierre est venu.

위의 문장 (24a)의 전제인 Pierre est venu가 문장(24d)에 대해서
는 참일 수도 있고 거짓일 수도 있게 된다.

이상으로 간략히 살펴봤듯이, 전제의 개념을 인간의 자연언어에
적용한다는 것은 그리 간단한 일이 아니다. 그렇지만 이 개념이 문장
의 의미를 다른 각도에서 살펴볼 수 있도록 한다는 의미에서 충분히
언어학적 가치를 지닌다고 할 수 있다.

2.2. 환언문

환언문(paraphrase)은 고대부터 성서의 주석이나 웅변술에서 사용
되었으나 그 자체가 언어 현상으로 다뤄진 것이 아니라 일종의 '주석'
으로 수사학에 필요한 하나의 도구였을 뿐이었다. 단어층위에서 설명

의 도구로 사용되던 환언문은 변형생성이론에서 문장층위로 체계화되었으며, '바꾸어 말하기'라는 뜻을 가진 '환언'은 텍스트의 자동처리나 번역, 통역의 문제와 밀접한 연관성이 있다고 볼 수 있다.

두 문장의 환언관계는 수동문과 능동문, 유사어의 대체, 반의어의 사용 등으로 설명할 수 있다.

(25a) Le chat mange la souris. (고양이는 생쥐를 먹는다.)

(25b) La souris est mangée par le chat. (생쥐는 고양이에게 먹힌다.)

(26a) Pierre a vendu la maison à Paul. (피에르는 폴에게 집을 팔았다.)

(26b) Paul a acheté la maison à Pierre. (폴은 피에르에게 집을 샀다.)

(27a) J'ai fait Eric ôtér son manteau. (나는 에릭이 외투를 벗게 했다.)

(27b) Eric a enlevé son manteau. (에릭은 외투를 벗었다.)

(28a) Le vainqueur d'Iéna est mort en 1821. (이에나의 승자는 1821년 사망했다.)

(28b) Le vaincu de Waterloo est mort en 1821. (워터루의 패자는 1821년 사망했다.)

(29a) Elle a cessé de chanter. (그녀는 노래하는 것을 그쳤다.)

(29b) Elle ne chante plus. (그녀는 더 이상 노래하지 않는다.)

위의 문장들이 모두 환언관계에 있다고 볼 수 있을까? 초기 생성문법이론에서는 환언문을 '의미적 동일화' 현상으로 즉 하나의 심층구조로부터 여러 표층구조를 가진 문장이 파생된다고 보았다. 예를 들어 다음의 문장들은 동일한 심층구조(Paul〔agent〕-construire-la maison(objet)), 하나의 의미(la construction de la maison a été le fait de Paul)에 의해 환언관계에 있다고 보았다.

(30a) Paul a construit la maison.

(30b) La maison a été construite par Paul.

(30c) C'est Paul qui a construit la maison.

그런데 위의 문장들은 사실 환언관계에 있다고 보기 어렵기 때문에 환언관계를 의미의 동일성으로 특징짓는 것은 불충분한 설명이라고 할 수 있다. 환언관계에 있는 문장 사이에는 '같음'(pareil)과 '다름'(pas pareil)이 함께 존재하기 때문에 '의미의 동일성'으로 보기보다는 공통 불변수에 따른 의미의 등가성(un noyau commun + différences secondaires)으로 보는 것이 타당하다. 언어적 유희의 대가인 크노(Raymond Queneau, 1903-1976)는 그의 저서 〈문체 연습, Exercices de style〉에서 동일한 이야기를 여러 문체와 다양한 방법(96가지)으로 표현하고 있다. 그렇다면 이러한 표현들이 모두 환언관계에 있다고 볼 수 있을까?

푹스(Catherine Fuchs)는 환언문의 개념은 논리적이거나 통사적인 개념, 즉 랑그의 개념이 아니라 상황 의존적, 문맥 의존적인 담화에 적용되는 개념이라고 보았다. 두 문장의 환언관계는 발화주체(sujet parlant)에 의한 의미의 동일화로 발화주체는 두 문장 사이에 존재하는 의미의 차이점을 일시적으로 제거하면서 두 문장이 동일한 것으로 판단하는데, 이 때 가장 중요한 변수는 '상황'이나 '문맥'이다. 즉 푹스는 자연언어에서 환언관계는 미리 주어진 것이 아니라 주어진 문맥이나 상황에서 발화주체가 이미 존재하는 의미의 차이점을 무시하거나 제거를 통해서 얻어지는 메타 언어적 동일화의 결과로 보았다. 이 메타 언어적 동일화는 두 문장 사이의 의미(Sémantisme : Sém)를 동일화하는 것으로 다음과 같이 도식화[42]할 수 있다.

도식 1 : (Sém. de X) ≡ (Sém. de Y)

그런데 메타언어적 동일화는 지시 관계에 근거한 발화적 동일화이므로 도식 1은 상황(Situation:sit)이 개입된 도식 2로 변형되어야 한다.

도식 2 : (Sém. de X)sit' ≡ (sit) Sém. de Y (Sit")

도식 2의 매개변수는 상황 혹은 맥락이며, 이에 따라 의미가 동일화되기도 하고 구별되기도 한다. 여기서 X의 의미(Sit', S', T')는 Y의 의미(Sit'', S'', T'')와 주어진 발화상황에서 발화주체(Sit, S, T)에 의해 동

---

[42]_Fuchs, C. (1983), Fuchs, C. et Le Goffic, P. (1983/1985), p. 123.

일화된 것이다. 따라서 환언관계는 언어에 고정된 서술관계라기 보다
는 발화적 관계로 논의되어야 하므로 의미론적 연구과 함께 화용론
적 연구도 병행해야 한다. 파레트(Herman Parret, 1938-)[43]는 환언행위
(Paraphrasage)는 '모호성 제거 행위(désambiguïsation)'로, 언어층위에서
등가적인 관계는 담화 층위에서 동일화 관계로 보고 이를 다음과 같이
도식화했다.

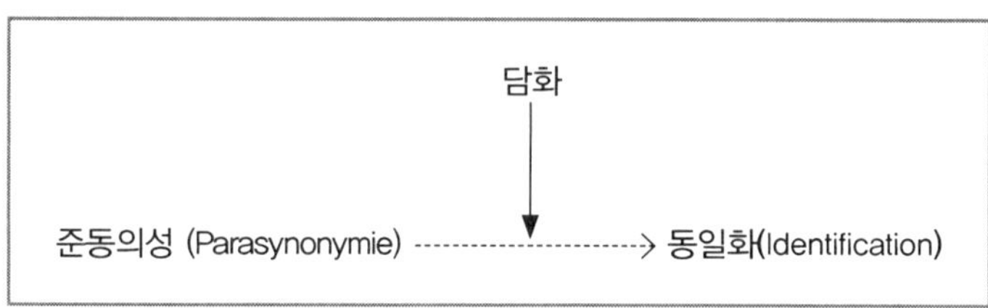

2.3. 시제와 상

상의 문제는 시제의 문제와 함께 언어학에서 가장 연구가 활발하
게 이루어진 분야 중 하나로 지금까지 많은 연구가 진행되었음에도 불
구하고 여전히 논쟁거리로 남아있다. 동사와 관련된 문법범주의 하나
인 시제는 현재를 중심으로 이전(과거), 이후(미래)로 나누는 절대시제
가 있고, 과거나 미래를 중심으로 그것의 이전과 이후를 나누는 상대

---

[43] Parret, H. (1988), p. 37, p. 41. 파레트에 따르면 번역문은 원문에 '최대근접'(proximisation
maximale)해야 한다.

적 시제가 있다.

2.3.1. 프랑스어 시제 체계

예스페르센(Otto Jespersen, 1860-1943)은 〈문법철학 *Philosophy of Grammar*〉(1924)에서 철학적인 인식의 문제로 시간을 다루었다. 그는 현재를 양분기준으로 삼아서 다음과 같이 과거, 현재, 미래로 3분했다.

A	B	C
Passé	Présent	Futur

현재를 중심으로 과거와 미래로 나뉘어진 3분법의 예스페르센의 시제 체계에서 시간은 1차원(uni-dimensionnel)으로 표시될 수 있는데, 이 시제 체계에는 복합과거(passé composé)와 후미래(après futur)가 존재하지 않는다.[44]

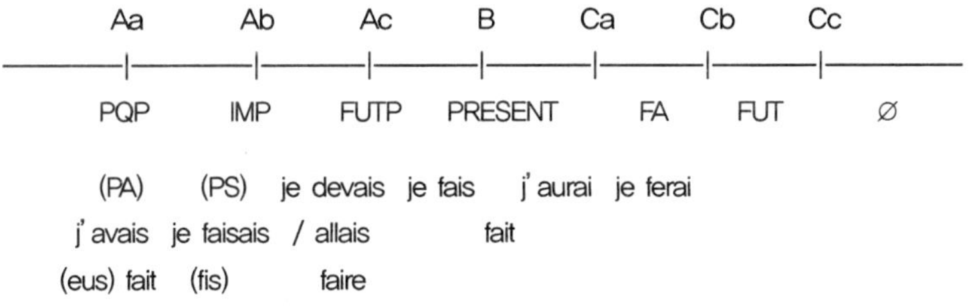

임스(Paul Imbs, 1908-1987)는 예스페르센의 체계를 거의 받아들이나 현재를 중심으로하는 관계망(réseau de relation)으로 시제 체계를 인식하는 차이를 보이고 있다. 즉 현재, 과거 그리고 미래의 선행성(anté-riorité)이나 후행성(postériorité)의 관계에 의해 나머지 시제 체계가 세워지는 것으로 다음과 같이 나타낼 수 있다.[45]

(a) antérieur du passé　　　　　　antérieur du futur

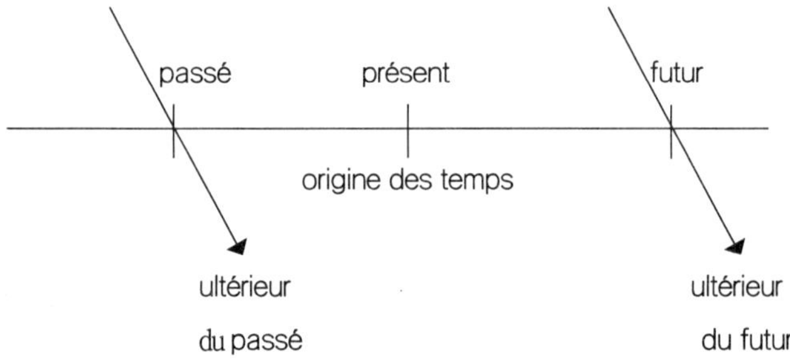

임스는 주요 체계(système principal)에 덧붙여 부차적 체계(système secondaire)를 받아들이는데, 이는 다음과 같다.

45_Vet, C.(1980), p. 19.

(b)

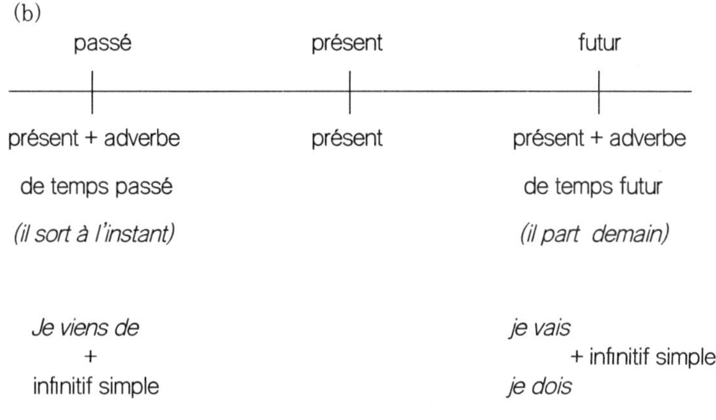

(− : 전후관계 / , : 동시성)

라이헨바흐(Reichenbach)는 3개의 기준점으로 시제 체계를 설명하고 있다. 현재의 시간 즉 말하는 순간인 S(point of speech)와 지시된 시간인 R(point of reference), 그리고 사건이 일어난 시간인 E(point of event)로 분류한 라이헨바흐의 시제 체계에는 두 개의 빈 부분이 존재하지만 이 세 개의 언술 순간을 통해 시제와 상의 문제를 잘 설명해주고 있다.

Structure	New Name	Traditional Name
E-R-S	Anterior Past	Past perfect
E, R-S	Simple past	Simple past
R-E-S		
R-S,E	Posterior Past	-------------------------

R-S-E

E-S,R	Anterior present	Present perfect
S,R,E	Simple present	Present
S,R-E	Posterior present	Simple future

S-E-R

S,E-R	Anterior future	Future perfect

E-S-R

S-R,E	Simple future	simple future
S-R-E	Posterior future	-------------------------

(- : 전후관계 / , : 동시성)

마르탱(Robert Martin, 1936-)은 두 개의 기준점인 현재(présent)와 반과거(imparfait)를 중심으로 프랑스어의 시제 체계를 설명했다. 그는 체계의 중첩으로 시제 체계를 설명했는데, 마르탱의 도표에서 / [46]는 시간적 관계를 나타내는 것이 아니라 시상의 관계를 나타낸다. 시상을 설명하는 마르탱의 시제 체계는 기욤(Gustave Guillaume)의 시간 개념과 많은 부분에서 유사성을 가진다.

---

[46]_Vet, C.(1980), p. 23.

non accompli

/

accompli

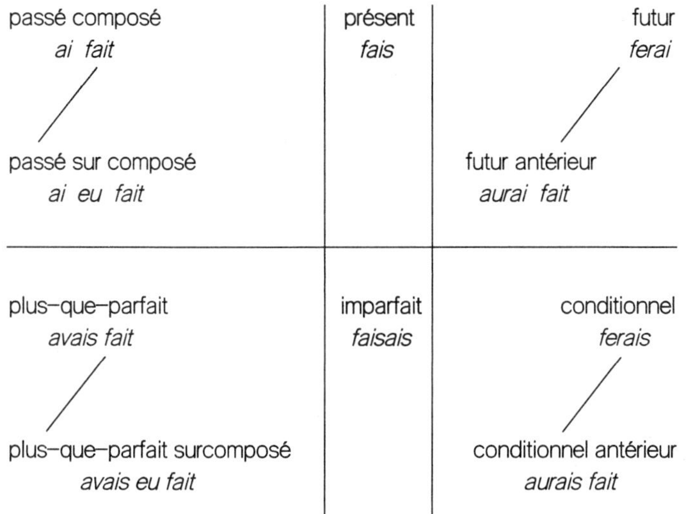

기욤에 의하면 시간은 본질상 스스로 표현될 수 없고 공간을 빌어서 표현된다. 그러므로 시제 표상은 결국 공간을 이용하여 체계화된 표상이며, 이는 인간 사고 운동(mouvement de pensée)의 기초가 되는 시간 영상(image-temps)을 가정하게 한다.

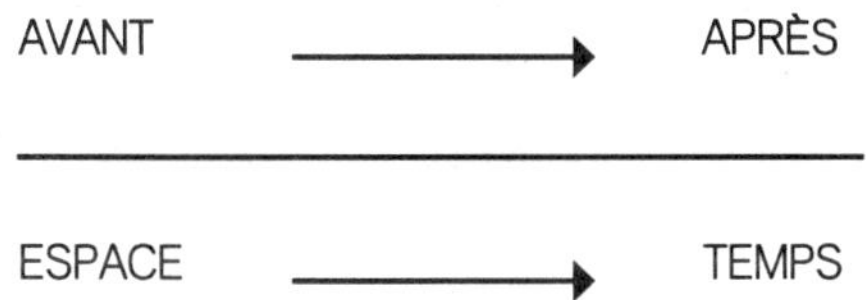

걷기 위해서는 시간이 필요하듯이 '걷는다'는 개념을 머리 속에 환기하는 데는 시간이 필요하다고 본 기욤은 사람이 태어나면서 배운 언어를 담화에서 구체적으로 직접 말하고 듣고 작용하는 것을 기욤은

언어활동(langage)으로 보았다. 정신역학이론[47]에서는 언어와 담화를 구분하고 있는데, 발화자는 자신의 경험을 언어로 표현하기 위해 잠재적인 전환체인 언어를 사용한다고 보았다. 기욤이 언어활동을 '전(avant)'과 '후(après)'라는 관계로 설명하는 것은 구체적인 관찰이 가능한 담화에서 표현되는 결과의 선행조건이 바로 직접적인 관찰이 불가능한 언어의 선행조건이기 때문이다. 잠재적인 언어가 실제적인 담화로 바뀌는 과정에 아주 짧은 시간이지만 작용 시간(temps opératif)이 반드시 필요하다고 기욤은 보았다. 언어활동이 되풀이 될 때 짧지만 되풀이 되는 잠재상태에 있는 언어가 현동화(actualisation)되는 시간은 언어표현을 가능하게 하는, 다시 말해 언어를 생성하는 사고 안에서 작용하는 시간이므로 정신역학에서는 '작용 시간'이라고 부른다. 이 작용 시간은 과거, 현재, 미래라는 일차원적인 시간 개념에서 벗어나 시간이 구성하는 전 과정을 고려한 것으로, 이를 기욤은 다음과 같이 도식화해서 나타내었다.

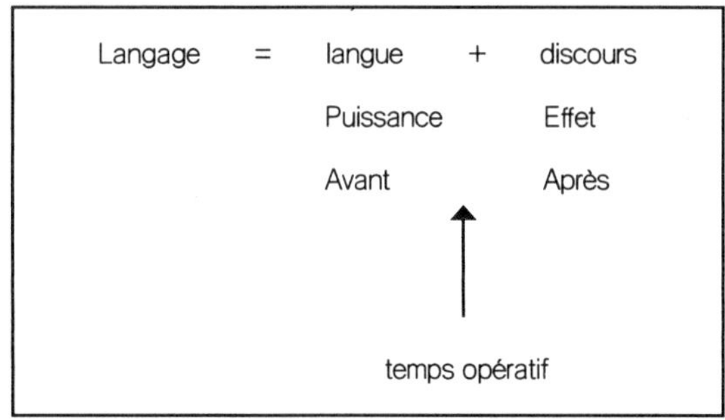

---

[47] 귀스타브 기욤은 랑그와 파롤로 이루어져 있다는 소쉬르의 공식에서 출발하는데 여기서 파롤 대신에 담화(discours)를 사용한다. 랑그가 담화로 넘어가는 과정에서 발화체가 생산되는데 이 때 작용시간이 든다고 기욤은 보았는데, 이 시간에 걸쳐서 일어나는 현상과 연산을 연구하는 언어학을 정신역학(psychomécanique)이라고 한다.

잠재적인 언어가 담화로 표상될 때 짧지만 실제적인 작용 시간은 동사 형태를 생성하는 시간 심상(image-temps)을 구성하는데, 기욤은 프랑스어에서 시간 심상을 처음 부분, 중간 부분, 끝 부분으로 단절할 수 있다고 보았다. 시간 심상의 시작에서 포착된 잠재적 이미지는 준명사법(현재분사, 과거분사, 접속법), 심상이 어느 정도 진행된 순간에서 포착된 것은 접속법, 시간 심상이 마지막에 포착된 결과는 직설법인데, 접속법에서는 시간의 현동화가 어느 정도 진행되었기 때문에 인칭 범주는 보이지만 현동화가 완료되지 않았기 때문에 시제 구분은 존재하지 않는다. 일반적으로 시제는 시간 심상이 완전히 현동화 되어야 발생할 수 있기 때문에 엄밀한 의미에서 접속법은 시제가 아니라고 할 수 있다. 이러한 시간 발생 시간을 통한 시간 심상에 대한 설명은 각 동사 형태소들을 유기적인 관계 속에서 파악할 수 있으며 체계적인 시제 체계에 대한 이해를 학습자에게 제공해 줄 수 있다고 본다. 기욤은 시생성(Chronogénèse)과 시명제(chronothèse)의 개념의 도입으로 법의 문제를, 내재성(immanence)과 초월성(transcendance)의 개념으로 상의 문제를, 상승(incidence)과 쇠퇴(décadence)의 개념으로 시제의 문제를 설명하고자 했다.

Chronogénèse / Chronothése   Immanence / Transcendance

--------------------------------------   --

MODE   ASPECT

Incidence / Décadence

TEMPS

기욤의 이론은 다른 어떤 이론보다 간결하게 시제와 상 이론을 설명하고 있기는 하지만 몇 가지 문제점을 안고 있다. 기욤에 따르면, 같은 형태를 가진 동사는 같은 상을 가져야 한다. 하지만 상 가치를 결정하는 여러 변수에 의해 동사는 다른 상 가치를 가지는데, 이런 경우 기욤이 설명한 긴장(tension)의 개념으로 상의 차이점을 설명할 수가 없다. 또한 기욤에 의하면 직설법에서 반과거와 단순과거는 단순형태(formes simples)를 가지므로 긴장상(aspect tensif)을 가진다. 하지만 반과거는 긴장(tension)과 이완(détension)을 모두 가지고 있음을 알 수 있다. 용어 문제와 함께 이러한 몇 가지 문제점이 있기는 하지만, 기욤의 이론은 그 어느 이론보다 명확하게 언어정신역학이론에 의해서 시제와 상 이론을 잘 설명해주고 있다고 본다. 이제 여러 학자들의 논란이 되고 있는 시상에 대해 알아보고자 한다.

2.3.2. 시상 Aspect

시제와는 구별되는 범주인 시상은 언어학에서 복잡한 분야 중 하나로 지금까지 많은 언어학자들의 논쟁거리가 되어왔다. 이러한 논란은 프랑스어에서 특별한 형태를 가지고 있지 않는 시상이 대부분의 언어학자들에 의해 시제와 구별함 없이 사용되기 때문이라고 할 수 있다. 마르탱은 〈Temps et Aspect〉(1971)에서 "언어학에서 시상의 문제보다 더 파악하기 힘들고 난해한 문제는 없다"고 한 방그리예스(Joseph Vendryes, 1875-1960)의 언급을 인용하고 있다.

이러한 시상을 표현할 수 있는 방법은 언어에 따라 다를 수 있다. 예를 들어 슬라브어에서는 단지 동사 그 자체에 의해서 시상이 표현될 수 있으며, 프랑스어의 경우는 동사와 다른 언어 요소, 즉 어휘 요소에 의해서도 표현될 수 있다. 프랑스어의 시상은 대개 완료와 미완료의 대립으로 설명되는데, 복합과거와 반과거는 둘 다 같은 시제인 '과거'를 나타내지만 시상의 가치에서는 복합과거는 '완료상'을, 반과거는 '미완료상'을 나타낸다.

(31a) Eric a chanté. (에릭은 노래했다)　　　　　 : 복합과거 – 완료상

(31b) Eric chantait. (에릭은 노래하고 있었다)　 : 반과거 – 미완료상

그르비스(Maurice Grevisse, 1895-1980)는 그의 저서 〈Le bon usage〉에서 동사의 시상을 '행위의 전개 과정(procès) 내에서 고려되는 특수한 관점'으로 보고 다음과 같이 분류했는데 이 9가지 종류의 상 중에서 순간상, 지속상, 시작상, 반복상, 진보상, 미래근접상, 과거근접상은 시제에 의해 표현되는 문법적인 상과는 다른 특성을 보이는 어휘상이다. 동사 시제에 의해 표현되는 문법적인 상과 어휘상을 함께 섞어 사용하는 경우가 많은데 분명히 구분해야 한다.

① 순간상 (aspect momentané) : La bombe éclate.

② 지속상 (aspect duratif) : Je suis en train de lire. / Je le pourchasse.

③ 시작상 (aspect inchoatif) : Il se mit à rire. / Il s'endort.

④ 반복상 (aspect itératif) : Je relis la lettre. / Il buvote son vin.

⑤ 진보상 (aspect progressif) : Il ne fait que rire. / Le mal va croître.

⑥ 완료상 (aspect perfectif) : Elle a vécu. / J'ai trouvé une solution.

⑦ 미완료상 (aspect imperfectif) : Je cherche une solution.

⑧ 미래근접상 (proximité dans le future) : Il va lire. / Il est sur le point de lire.

⑨ 과거근접상 (proximité dans le passé) : je viens de le voir.

벤들러(Zeno Vendler, 1921-2004)는 상적 특성을 영어 술어에 적용하여 술어의 동작(activité), 성취(accomplissement), 종결(achèvement), 상태(état)의 네 부류로 나누었는데, 이러한 분류는 프랑스어의 술어에도 적용될 수 있다. 많은 언어학자들이 시상을 분류했는데 이들 중 데클레(Jean−Pierre Desclés)와 퀼리올리(Antoine Culioli, 1924-), 케니(Kenny), 무어라토스(Alexander P.D. Mourelatos) 등의 분류를 간략하게 검토, 비교해 보기로 하겠다.

A	B	C	
état	processus	événement	(Desclés)
état	activité	performance	(Kenny)
compact	dense	discret	(Culioli)

위는 삼분법으로 시상을 분류한 것이고, 사분법으로 분류한 경우는 C가 다시 두 유형으로 다음과 같이 하위분류 된다.

A	B	C1	C2	
état	activité	accomplissment	achèvement	(Vendler)
état	processus	développement	occurrences ponctuelles	(Mourelatos)

위의 분류에서 상태를 나타내는 A 유형의 동사로는 être, exister, avoir, connaître 등이 있으며 이 유형의 동사들은 '시작'이나 '지속'을 나타내는 se mettre à, être en train de와 같은 표현과는 함께 사용될 수 없다.

동작을 나타내는 B 유형의 동사로는 marcher, courir, réfléchir 등이 있으며, 이 동사들은 행위의 시작(début)은 있지만 끝(fin)이 없이 계속 이어지는 동사로 A 유형과는 구분이 된다. 이 유형의 동사는 '~ 동안'의 의미를 지니는 'pendant + 지속시간(durée)'과는 함께 사용될 수 있지만, '~만에'의 의미를 가지는 'en + 지속시간(durée)'과는 함께 사용 될 수 없다. 하지만 C 유형은 'en + 지속시간(durée)'과는 사용될 수 있지만 'pendant + 지속시간(durée)'과는 함께 사용될 수 없다.

마지막으로 éclater, exploser, trouver와 같은 C2 유형의 동사는 행위의 종결을 나타내는 동사이기 때문에 '시작'이나 '지속'의 의미를 지니는 commencer à, continuer à와 함께 사용될 수 없다.

언어학자들의 논란의 대상이 되고 있는 시상은 어휘나 시제 등 여러 변수에 의해서 그 의미가 결정된다. 예를 들어 L'eau de la fontaine continuait à tomber라는 구문은 반과거나 주어 등과 같은 변수에 의해서 지속상을 가진다. 하지만 시상의 가치는 어떤 변수에 의해 항상 불변의 가치를 가지는 것이 아니다. 같은 구문이라도 문맥에 따라 확연하게 다른 시상을 가지는 것으로 해석될 수 있기 때문이다. 예를 들어 'Il est encore le premier'와 같은 구문에서 'encore'는 지속상과 반복상을 동시에 가진다. 즉 시상의 가치는 더 넓은 문맥에 의존적이라고 할 수 있다. 예를 들어 dormir나 pleuvoir 가 현재 형태에서 'encore'와 함께 쓰인 경우 동사의 속성에 의해서 보통 지속상을 나타낸다. 하지만 Tiens! aujourd'hui il pleut encore나 Voilà que le chat dort encore와 같이 화자의 발화시 놀라움을 나타내는 'Tiens' 이나 'Voilà que', 'Voici', '!' 등과 함께 쓰인 구문에서는 반복상을 나타낸다. 이러한 표현들은 현재의 미완료의 가치를 중화시키기 때문이다.

지금까지 살펴본 것과 같이 시상의 가치는 더 넓은 문맥에 의해 결정된다고 볼 수 있다. Il est encore le premier에서 두 가지 시상을 가지는 'encore'의 의미는 문맥에 따라 아주 상이한 시상을 가지게 된다.

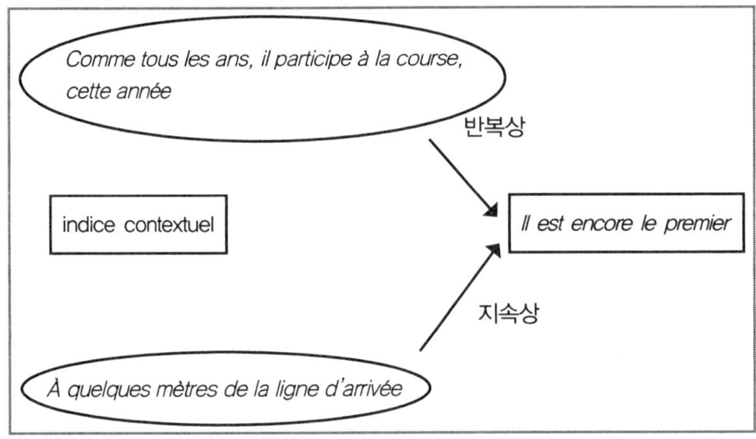

【그림-3. 문맥 지표 (l'indice contextuel)】

* 문맥이나 상황에 의해 동일한 구문이 상이한 상을 가질 때, 그 문맥이나 상황을 '문맥 지표'라고 한다.

이러한 시상의 결정에 중요한 역할을 하는 문맥의 지표에 대한 연구는 시상에 대한 보다 적확한 분석을 위해 반드시 필요하다고 본다.

연습문제 ——————————————*exercices*

1. 아래 문장들 중에서 Marie est malade가 전제가 될 수 있는 문장은 무엇
   인가?

    a. Claude sait que Marie est malade.

    b. Claude ignore que Marie est malade.

    c. Claude se doute que Marie est malade.

    d. Claude fait semblant que Marie est malade.

    e. Claude s'imagine que Marie est malade.

2. 아래 표에 열거된 교통수단들을 의소분석 하시오.

	A			B	C		
	①	②	③		①	②	③
bicyclette							
motocyclette							
automobile							
autobus							
trolleybus							
tramway							
métro							
train							

* 연습문제 2번은 http://w3.gril.univ-tlse2.fr/francopho/lecons/lexicologie.html을 참고함.
연습문제 11번-14번은 Polguère(2000, 2001, 2002)에서 가져온 것임.

A : 사람의 운송

① 1인승

② 다인승(몇 사람)

③ 다인승(많은 사람)

B : 화물 운송

C : 동력

① 모터

② 전기

③ 다른 수단

3. 아래의 두 문장은 환언관계에 있다고 볼 수 있는가? 그렇지 않다면 그 이유는 무엇인지 쓰시오.

> a. Gustave Eiffel a construit la tour Eiffel.
>
> b. C′est Gustave Eiffel qui a construit la tour Eiffel.

4. 파레트는 환언관계에 있다고 볼 수 있는 번역문을 중의성과의 연관지어서 어떻게 보았는지 쓰시오.

5. 크노의 〈문체 연습〉에서는 동일한 줄거리의 이야기를 여러 방법으로 표현하고 있다. '한 젊은 남자'(un jeune homme)도 다음과 같이 다른 단어로 바꾸었는데, 그렇다면 이 단어들의 대치에 의한 구문들이 모두 환언관계

에 있다고 볼 수 있는가?

> – un type / un individu / un personnage / un éphèbe / un godelureau
> un zazou / un zozo

6. 마르탱은 두 개의 기준점으로 프랑스어의 시제 체계를 설명하고 있는데, 이 두 개의 기준점은 무엇이며, 본문에서 사선(/)의 구분은 무엇을 의미하는가?

7. 기욤은 언어활동(langage)을 짧지만 반복적인 작용 시간에 의해 잠재적인 언어가 실제적인 담화로 현동화 된다고 보았다. '전'(avant)과 '후'(après)로 기욤은 이 과정을 설명했는데 그 이유와, 작용 시간이 시제 체계에 미친 영향을 말해보시오.

8. 진보상(aspect progressif)을 나타내는 "être en train de'는 marcher, courir, réfléchir, écrire 동사와는 함께 사용되는데, Il est en train d'exister와 같이 exister동사와는 함께 사용되지 않는다. 그 이유는 무엇이지 설명해보시오.

9. pendant과 en 중 적당한 표현을 빈칸에 넣어보고, marcher동사와 réfléchir동사가 en, pendant과 양립할 수 없는 이유에 대해 이 동사와 유사한 시상을 가지는 다른 동사의 예를 들어 함께 설명해보시오.

> (a) Il a marché _________ une heure.
>
> (b) J'ai franchi la frontière ______ une heure.

10. Il est encore le premier라는 구문에서 encore는 지속상과 반복상을 동시에 가진다. 이러한 두 개의 시상을 가지는 것은 문맥에 의한 것인데, 다른 문장의 예를 들어 설명해보시오.

11. 다음 예문에서 arbre의 상위어(hyperonyme)를 모두 찾아서 쓰고, 하위어 (hyponyme) 다섯 개를 쓰시오.

  − On a planté un arbre.

12. 다음 예문을 참고하여 près와 loin은 상보 반의어인데 비해 aimer와 détester는 정도 반의어인 이유를 설명하시오.

  a. Cet arbre est près/loin de moi.

  b. Il aime/déteste le fromage.

13. 어휘 route는 다의어인가? 그렇다면 이점에 대해 타당한 근거를 제시하
시오.

14. 다음에 주어진 인용문을 잘 읽고 질문에 답하시오.

La guerre éclate.

C'st tout ce qu'lle sait faire.

Les bombes hachent.

C'st tout ce qu'lles savent faire.

<Brigitte Fontaine, Il pleut 중에서>

a. La guerre éclate에서 éclate를 단순하고 일반적인 동사를 사용하여 환언
문으로 바꾸시오.

b. bombe가 들어간 관용표현을 찾아 쓰시오.

제8장

화용론(La pragmatique)
프랑스어 발화와 의사소통

의미론은 언어내적 의미가능성(signification)을 추구하는데 반하여, 화용론은 언어외적 의미(sens), 즉 화자의 의도를 탐구한다. 문제의 핵심은 최초의 진술(énoncé)은 청자가 그 진술을 취급하는 방식과 무관하게 언어 수반적 위상이 없다는 사실에 있다. 이러한 위상은 청자와 화자의 상호작용에 의해 결정되며, 원초적 의미 따위는 존재하지 않는다는 것이다.

01

직시사

직시사(直示詞, déictiques)란 배타적으로 발화행위를 가리키는 je-ici-maintenant으로서, 상황을 고려하지 않으면 해석될 수 없는 특수한 언어 단위들이다. 데카르트 좌표의 원점에 해당하며, 각각의 담화행위에서만 채워지는, 다시 말해 고유의 의미가 없는 어휘이다.

	직시사 (Discours)	비직시사 (Récit)
사람	je/tu/vous	le docteur
	mon/ton	la maison
	moi/toi	Paul
공간	ici	Toronto
	là	à la maison
	gauche/droite	aux Etats-Unis
시간	maintenant	le premier janvier
	demain/hier	le jour de l'élection
	tout-à-l'heure	la veille/ le lendemain

직시사는 연동사(embrayeur)라고도 불린다. 원래 연동기는 자동차 공학의 용어로서 엔진의 수직운동을 바퀴가 돌 수 있게 회전운동으로 바꿔주는 장치를 말한다. 연동사는 유형(type)을 사례(token)로 바꿔주는 역할을 한다. 즉, 언어(langue)를 담화(discours)차원으로 변환시킨다는 뜻이다. 문장의 경우, 속담사전에 나와 있는 "티끌 모아 태산"은 유형이지만, 내가 친구와 대화에서 이 속담을 말하면 사례가 된다. 직시사는 또 변화사(shifter)라고도 불리는데, 모든 화자가 '나'가 되기 때문이다. 'je'의 정의는 "je'라고 발화하는 바로 그 사람'이다.

아래의 예문들을 보자.

(1) Marie sait que Pierre vient

(2) Marie ne sait pas si Pierre vient

(3) Marie sait-elle si Pierre vient?

그런데 다음과 같은 예문도 있다.

(4) Marie ne sait pas que Pierre vient

(5) Marie sait-elle que Pierre vient?

(6) Marie sait si Pierre vient.

(1)과 (6)은 서로 충돌한다. 바로 이 때 발화자(énonciateur)를 고려해야 한다. (1)의 경우, 발화자는 Pierre가 온다는 사실을 알고 있지만

(6)의 경우에는 그 사실을 알지 못한다. (4), (5)의 경우에도 발화자는 Pierre가 온다는 사실을 알면서 Marie가 그런 사실을 아는지 묻고 있는 것이다. 따라서 아래 두 진술은 비문(énoncé mal formé)이 된다.

(7) Je sais si Pierre vient.

(8) Je ne sait pas que Pierre vient.

두 문장은 각각, '모르면서 안다', '알면서 모른다'는 모순을 내포하기 때문이다.

그러나 시제를 변환한 다음 문장은 정문(énoncé bien-formé)이다.

(9) Je ne savais pas que Pierre viendrait.

당시에는 몰랐지만 말하는 순간에는 Pierre가 온다는 사실을 알고 있는 경우에 해당한다.

루이스 캐롤(Lewis Carroll)의 〈이상한 나라의 앨리스〉에 나오는 '붉은 여왕'은 앨리스에게 자기의 하녀가 되어 달라고 부탁하면서, 그렇게 하면 '내일'과 '어제' 잼을 주겠다고 약속한다! 최근에 주점이나 미용실에서, '금일 현금, 내일 외상!', '오늘 머리 하는 날' 등의 문구를 볼 수 있는 데, 사람들의 언어 감각이 돋보이는 부분이다.

02

언어의 기능

인간은 왜 말을 하는가? 이 질문에 답하기 위한 준비 작업으로서 언어의 6가지 기능[48]을 먼저 살펴보도록 한다.

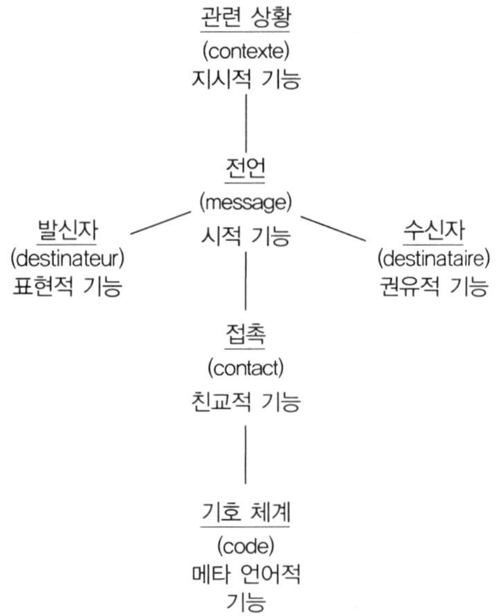

48_제1장에 소개된 의사소통이론을 참고할 것 (pp. 34-38).

2.1. 지시적 기능

지시적 기능(fonction référentielle)은 언어의 표현이 어떤 새로운 지식이나 사실을 전달하는 데에 사용되는 기능이다. 우리가 신문을 읽거나 TV 뉴스를 시청하는 것은 이런 이유에서이다. 언어에 의한 의사소통은 이처럼 언어 외적 실재(le réel)[49]를 대상으로 삼는다. 기호와 사물은 엄격하게 다른 범주이지만 일상적인 용법에서는 단어가 사물을 흔히 대체한다.

언어가 사물을 가리키는 수단은 다음과 같이 다양하다.

① 한정기술사 (descriptions définis) : ex) 프랑스의 국왕, 한국의 수도

② 고유 명사 (noms propres) : ex) Louis XIV, Séoul

③ 지시사 (démonstratifs) : ex) cette ville

④ 직시어 (déictiques) : ex) ici

철학적 관점에서, 지시적 기능에는 '말과 사물'이라는 복잡한 문제가 숨어 있다. 푸코(Michel Foucault, 1926-1984)[50]와 콰인[51](Willard Van

---

[49] 그런데 언어가 가리키는 실재가 반드시 현실(réalité)이 아니라는 점에 문제의 복잡성이 숨어있다. 자연 언어는 현실을 축조(construction)하는 힘이 있기 때문이다. 그 순기능으로서 소설이나 동화처럼 상상의 세계를 만들 수도 있지만, 중상모략이나 거짓말과 같은 역기능도 있다.

[50] Foucault, M. (1966)

[51] Quine, W. (1960)

Orman Quine, 1908-2000)이 천착한 문제인데, 이것은 언어학의 범위를 뛰어넘기 때문에 여기서는 취급하지 않겠다. 다만 정치인들이 전가의 보도처럼 들먹이는 '국민의 뜻'이라는 표현도 사실은 물화(物化, réification)의 소산이라는 점을 지적하는 것으로 만족하고자 한다.

2.2. 표현적 (정서적) 기능

사람들은 자신을 표현하기 위해 말을 한다. 화가 나서 지르는 고함이나, 놀라움이나 기쁨 때문에 지르는 탄성에서처럼 전언의 초점은 발신자에게 있다. 표현적(정서적) 기능 (fonction expressive ou émotive)은 담화 내용에 대한 발신자(화자)의 태도를 나타내기 때문에, 악센트나 억양 등 운율(prosodie)적 요소가 내용 자체보다 더 중요할 수도 있다. 서정시가 표현적 기능의 전형적인 예이고, 서사시는 앞서 나온 지시적 기능의 예이다.

여기에서 중요한 것은 푸코가 〈지식의 고고학〉에서 말한 것처럼, 사람들이 대상에 대해 말한다고 하면서 사실은 자신에 대하여 말하고 있다는 사실이다. 이것은 실화인데, 어떤 사람이 귀룽나무를 보면서 "저 나무 참 요염하네요!"(2009년 3월 17일)라고 말한 적이 있다. 귀룽나무가 어떻게 요염한가? 우리는 대상에 대해 말한다고 하면서 미쉘 푸코가 정확하게 지적한 것 처럼 사실은 우리 자신에 대해서 말하고 있다!

2.3. 권유적 기능

충고, 부탁, 거절, 금지의 경우처럼 사람들은 다른 사람으로 하여 금 행동하도록 만들기 위해 말을 한다. 이런 기능을 권유적 기능(fonction conative)이라고 한다. 이 때 전언의 중심은 수신자(청자)에게 집중되어 있고, 명령문과 의문문이 대표적인 경우가 되겠다. 그에 대해 연구하는 학자가 몇몇 있지만, 언어학은 아직 의문문의 논리(logique érotétique)를 충분히 개발하지 못했다. 몇몇 연구 방향을 잠시 고찰해 보도록 하자.

첫째, 모든 의문문은 생각을 자극시킨다. 즉, 전에 모르던 새로운 것을 구상하고, 끊임없이 새로운 것을 추구하게 만든다. 그래서 긍정적 질문이 중요하다. '좋은' 질문이란 무엇인가?

둘째, 질문을 던지는 것 자체가 상대를 (자신이 원하는)틀에 가두는 것이 된다. 여기에서도 질문을 던지는 양태(manière)가 결정적이어서, 노련한 또는 교활한 사람들은 자신들이 원하는 답변을 수월하게 얻어 낼 수도 있다.[52]

셋째, 질문자의 의도를 헛짚으면 동문서답이 나올 수밖에 없다. 그래서 내 멋대로 해석하지 말고, 자신이 해석한 바를 확인하는 절차가 반드시 필요하다. P라는 질문을 내가 P′로 이해했다면, 다음과 같이 되묻는 것을 재구성(reformulation)이라고 한다.

---

[52]_그래서 우리는 여론조사를 믿지 않는 경향이 있다.

(10a) Est-ce à dire que P′?

(10b) Cela revient à dire que P′?

면접이나 인터뷰에서 동문서답하는 경우를 적지않게 보게되는데, 이런 일이 취업 인터뷰에서 벌어진다면 불이익을 감수해야 할 것이다.

이밖에, 세상에는 무례한 질문들이 넘쳐나서 꺼내고 싶지 않은 프라이버시에 관한 사항을 예사로 묻는 경우를 볼 수 있는데, 화용론은 이런 경우에도 대비책을 마련해준다.

2.4. 시적 기능

시적 기능(fonction poétique)은 물리적 실체로서의 말, 언어 자체의 질서나 아름다움, 메시지 자체에 대한 지향을 의미한다. 이것은 시에만 국한되는 것이 아니라 모든 언어활동에 관계되는 것으로서 심미적 또는 수사학적 기능이라고도 불린다. 이런 기능은 기표(signifiant)가 기의(signifié)만큼 혹은 그 이상으로 중시될 때, 그러니까 형식 내지 말하는 방식(manière)이 내용(matière)보다 우세할 때 나타난다. 이때 명시적 의미(dénotation)보다는 함축적 의미(connotation)가 더욱 강하게 드러난다. 일찍이 뷔퐁(Georges Leclerc de Buffon, 1707-1788)이 "Le style, c′est l′homme"이라고 말했을 때 그는 바로 이 시적 기능을 염두에 두었을 것이다.

심미적 기능은 작명(作名)에서부터 책 제목에 이르기까지 광범위하게 나타난다. 책의 제목은 판매부수와 직결된다고 한다. 시적 기능의

중요성은 대학에서 학과명의 변천사가 잘 대변한다. 예컨데 '잠사학과'
나 '광산학과'는 졸업 후 누에를 친다든지 광부가 되는게 아니냐는 오
해를 불러일으킬 수도 있다는 것이다.

(11a) 잠사학과 → 천연섬유학과

(11b) 광산학과 → 무기재료학과

(11c) 기상학과 → 대기과학과

(11d) 동물학과 → 유전정보학과

(11e) 도서관학과 → 문헌정보학과

(11f) 통계학과 → 정보통계학과

(11g) 정치학과 → 정치외교학과

여기에서, "시적 기능은 등가의 원리를 선택의 축에서 결합의 축으
로 투영한다."는 야콥슨의 말이 적중하고 있다.

어떤 추론도 구호가 갖는 힘을 거역할 수 없다. 하나의 재담에 대
해 다른 재담으로 밖에는 대꾸할 수 없는 것과 마찬가지로, 어떤 구호
에 응수할 수 있는 것은 다른 구호일 뿐이다.

(12) I like Ike〔 ay layk ayk 〕

(13) Veni Vidi Vici (César)

최근에는 상호에서 시적 기능이 중시되는 경향이 있어서 간판들을
살펴보면 다음과 같은 문구들이 눈에 띈다.

(14) 사랑하는 이(齒)에게 (치과)

영계소문 (통닭집)

주경야돈 (삼겹살집)

크로체(Benedetto Croce, 1866-1952)가 일반언어학을 연구하는 것은 곧 미학(esthétique)을 연구하는 것이라고 말했을 때, 바로 이 심미적 기능을 염두에 둔 것이다.

2.5. 친교적 기능

친교적 기능(fonction phatique)은 삶에 유대관계를 맺게 해주는 데 사용되는 기능이다. 이제는 잘 들을 수 없지만 예전의 "진지 드셨습니까?", "어디 가세요?" 등의 인사말은 답변을 기다리기보다는 의사 교환을 인정하고 예의범절을 지키는 말인 것이다. 전화통화의 경우, 청자가 한 문장을 마칠 때마다 "네, 네!" 라고 반응을 보여주지 않으면 화자는 불안해 할 것이다. 자동응답기에 말을 해야 할 경우 제약을 느끼는 것도 바로 이 친교적 기능이 없기 때문이다.

넓은 의미에서의 친교적 기능은 어떤 채널을 통해 메시지가 전달되었는가 하는 문제에까지 미친다. "The Medium is the Message"(미디어는 메시지다)라는 말을 통해 유명해진 마샬 맥루한(Marshall McLuhan, 1911-1980)이 그 좋은 예이다. 전통적으로, 메시지는 매체를 통해 전달되는 내용이다. 그런데 맥루한은 미디어 자체의 특징이 지니는 또 다른 메시지적 측면을 간파했다. 이것은 케네디(John Fitzgerald Kennedy, 1917-1963)와 닉슨(Richard Nixon, 1913-1994)이 대결한 미국의 대선에서 유감없이 드러난다. 두 후보자의 토론은 라디오와 TV에서 각각 이루어졌는데, 라디오 토론에서 닉슨은 케네디보다 앞섰다. 그러나 뒤이은 TV 토론은 케네디의 손을 들어주었다. 라디오와 TV 토론에서 두 후보의 메시지는 동일했으나, 두 매체의 다른 특성은 후보자에 대한 다른 이미지를 시청자에게 전달한 것이다.

이처럼 미디어의 자체적 속성이 메시지 자체를 규정한다는 사실은 그전에는 주목받지 못한 것으로서 이는 미디어에 대한 새로운 시각적 틀을 제공하는 기회가 되었다.

2.6. 주해적(註解的) 기능: 메타언어적 기능

발화의 초점이 기호 체계(code) 자체에 맞춰지는 경우인데, '무슨 뜻이지?' 라는 질문이나, 어떤 것에 대한 정의, 명명(命名) 등의 상황에서 드러난다. 어린아이가 모국어를 배울 때 대부분 주해적(註解的) 기능, 즉 메타언어적 기능(fonction métalinguistique)에 의존한다. 동물언어에는 이런 기능이 없다.

천차만별의 의사소통 체계 중에서 오직 언어만이 언어 자체에 대해 말할 수 있다는 것은 아주 특이한 현상이다. 음악, 조각, 건축, 회화, 사진 나아가서 교통법규에 이르기까지 이들에 대한 설명은 모두 언어를 통해 이루어지며, 또 사람들이 언어에 대해 이야기하는 것도 다름 아닌 언어를 통해서이다.

오해(malentendu)나 중의성(ambiguïté)의 문제 등은 모두 이 메타
언어적 기능과 연관성을 지닌다.

    (15) A : 돈을 내놔라!

        B : 돈이 없는데유.

        A : 그러면 죽을 준비해라!

        B : 죽도 없는데유.

개그맨들은 이런 사실을 잘 알고 있으며, 유능한 개그맨은 이 주해
적 기능에 통달한 자일 것이다.

03

화행이론

3.1. 최초이론

옥스퍼드대 교수 오스틴(John Langshaw Austin, 1911-1960)이 1955년 하버드 대학에서 한 여덟 개의 강연이 1962년 〈How to do things with words〉라는 제목의 책으로 출간되었는데, 이 책은 분석철학의 중요한 단계로서 언어 행위 이론의 시조이자 화용론, 즉 의사소통과정에서 화자의 언어 사용에 대한 연구 프로그램으로서 널리 인정받고 있다.

전통적으로 언어는 현실을 묘사하는데 쓰인다고 사람들은 믿어왔다. 하나의 명제가 사태에 대응하면 참이 되고, 그렇지 않으면 거짓 명제가 된다. 이런 진술문은 앞에 소개한 6가지 언어의 기능 중에서 지시기능에 초점이 맞춰진 문장들로서 새로운 지식이나 사실을 전달한다.

(16) La terre tourne autour du soleil.

(17) Le chat est sur le paillasson.

이런 '진리조건적'관점을 그는 '기술의 환상'(illusion descriptive)
이라고 비판하면서, 현실에 대하여 행동하고 또 어떤 행위를 수행
하는 언어적 기능에 대립시킨다. 이렇게 그는 세계를 기술하는 진
술문(énoncés constatifs)과 어떤 행위를 실행하는 수행문(énoncés
performatifs)을 구분한다. 수행문은 행위를 묘사하는 것이 아니라, 그
의미가 행위의 실현이라는 점에서 파격적인데, 다음과 같은 문장들은
대표적인 수행문의 사례들이다.

(18) a. La séance est ouverte.

  b. Je vous déclare mari et femme. (En vertu du pouvoir qui
     m'est conféré)

  c. Je te baptise au nom du Père, du Fils et du Saint Esprit.

  d. Je le jure.

  e. Je te parie qu'il va perdre.

  f. Je te promets d'aller te voir dans un mois.

  g. Je baptise ce bateau le Queen Elisabeth.

  h. Je lègue ma maison à A.

  i. Je vous parie 10 euros que l'équipe de Corée gagnera.

이 문장들을 검토하면, 이들은 어떤 사태에 대한 기술 또는 묘사가

아니며 주관적 판단도 아니다. 아기에게 '성부, 성자, 성령의 이름으로 세례를 주노라.'하는 순간부터 그 아이는 기독교 신자가 된다. '피고를 10년의 징역형에 처한다.'라는 판결이 떨어지는 순간 이 말은 '법적 구속력'을 갖게 된다. 즉 발화가 세상을 바꾸고 화자는 새로운 상황을 만든다. 수행문은 이처럼 단순한 진술 이상의 것을 의미한다. 그래서 수행문은 진리조건이 아닌 만족조건(condition de satisfaction)과 관계된다. 다시 말해서 참, 거짓이 문제가 아니라 성공이냐 실패냐가 관건이 되는 것이다. 세례는 세례자가 사회적, 종교적으로 요청되는 권위 있는 사람이어야지 아무나 줄 수 있는 것이 아니다. 약속은 약속하는 사람이 성실하지 않으면 무용지물이 된다.

초기에는 이른바 수행동사(ordonner, accuser, déclarer, baptiser, promettre)를 중심으로 연구가 되었고, 그 기준은 직설법 현재 단수 1인칭에 한정되었다. 아래의 문장들은 수행문이 아니다.

(19) a. Il me promet de venir.

　　b. J'ai promis de venir.

그러나 이런 기준에 맞지 않는 수행문들도 있다.

(20) a. Je t'aime.

　　b. Nous déclarons la guerre contre Irak.

　　c. Vous êtes viré.

　　d. Les délais sont dépassés.

이제 패러다임이 바뀔 때가 된 것이다.

3.2. 수정이론

오스틴은 점차 처음의 가정, 즉 진술문과 수행문의 구분을 버리고, 화자가 말하면서 동시에 수행하는 '행동'이 무엇인가를 자문하다가 모든 문장은 다음 세 가지 언어 행위의 범주 중 하나에 속한다는 새로운 의견을 제시하기에 이른다.

1) **발화행위**(acte locutoire) : 하나의 지시체(référence) + 속성의 부여(prédication)

(21) Jean est intelligent.

발화행위는 분절된 음성으로 의미를 만들고자 하는 행위이다.

2) **발화수반행위**(acte illocutoire)[53] : 문장을 생성할 때 그 문장의 유형과 결부되어있는 관습적인 힘에 의해 단언(assertif), 질문(interrogatif), 명령(impératif), 약속(promesse) 등을 실행하는 것

53_ '비(非)언표적' 또는 '발화내(內)적'이라는 번역도 가능하다.

을 의미한다.

단언 : La neige est blanche.

질문 : Que faisiez-vous dimanche soir?

명령 : Viens ici!

약속 : Demain, j'arrêterais de fumer.

금지 : Je t'interdis de faire cela.

물론 발화수반행위가 효과적, 실질적으로 되기 위해서는 화자의 의도가 청자에 의해 인지되어야 한다.

3) 발화효과행위(acte perlocutoire) : 화자의 발화가 상대방에게 발생한 효과를 말한다. 발화수반행위와 발화효과행위의 관계는 작용 ↔ 반작용의 관계와 같다.

(22) 화자 : Il fait froid ici.

   (청자는 일어나서 창문을 닫는다.)

세 가지 행위 중 가장 중요한 행위는 발화수반행위로서, 이는 일반적으로 화자의 의도(intention)에 해당하므로 화용론 연구에 속한다고 볼 수 있다.

발화수반행위는 명시적인 것과 암묵적인 것으로 나뉘는데, 하나는 발화수반행위가 형태와 가치를 지닌다고 볼 때 형태는 다음 세 가지이다.

- 긍정문
- 의문문
- 명령문

이에 대해 가치 차원에서는 단언, 질문, 명령, 요청, 약속, 경고, 충고 등 다양한 가치가 가능하다.

① 명시적 발화수반행위에서 형태와 가치가 일치하는 경우

- Affirmatif → assertif : Georges est intelligent.

- Interrogatif → question : Que fais-tu?

- Impératif → ordre : Viens ici.

②암묵적 행위 (형태≠가치)

- Interrogatif → ordre : Est-ce que tu peux te taire un moment?

- Affirmatif → reproche : Rien ne te convient.

- Interrogatif → requête : Tu peux m'ouvrir la porte?

요약하면, 오스틴은 언어가 언제나 사태 또는 상황을 묘사한다는 기술이론을 반박하고, 어떤 행위를 실현하기 위해 언어를 사용할 수 있다는 점을 최초로 직시하여 언어연구에 새로운 지평을 열었다.

04
대화함축

오스틴의 연구를 계승하여 미국의 그라이스(Paul Grice, 1913-1988)[54]는 대화에서 네 개의 격률을 제시하며 발전시켰다. 그러나 이보다 상위인 '협력 원칙'이 선행된다.

4.1. 협력원칙(principe de coopération)

이 원칙은 화자들이 고의적으로 훼방하지 않고 대화에 진지하게 임한다는 사실을 전제한다.

54_Grice, P. (1975)

4.2. 격률 (maximes)

격률에는 4가지 종류가 있다.

양의 격률 (Maxime de quantité)

- Que votre contribution contienne autant d'information qu'il est
  requis
- Que votre contribution ne contienne pas plus d'information qu'il
  n'est requis

질의 격률 (Maxime de qualité)

- N'affirmez pas ce que vous croyez être faux
- N'affirmez pas ce pour quoi vous manquez de preuves

관계의 격률 (Maxime de relation)

  Parlez à propos

양태의 격률 (Maxime de manière)

- Evitez de vous exprimer avec obscurité
- Evitez d'être ambigu
- Soyez bref(évitez toute prolixité inutile)
- Soyez ordonné

대부분의 화자들은 대화에서 이런 격률들을 지키려고 한다. 갑이 을에게 1인치짜리 나사 3개를 달라고 한 경우 각 격률이 어떻게 위배되는지 살펴보자.

- 드라이버를 주면 : 질의 격률 위배

- 5개를 주면 : 양의 격률 위배

- 30분 후에 주면 : 관계의 격률 위배

- 5인치짜리 나사를 주면 : 양태의 격률 위배

흥미로운 상황은 갑(甲)의 발언에 대해 을(乙)이 명백하게 대화의 격률을 위반하는 경우이다. 바로 이 때 격률보다 상위인 '협력의 원칙 (le principe de la coopération)'을 도입해야 한다. 이 원칙은 을이 실제로 말한 것과는 다른 무언가를 뜻한다고 재해석하는 방법을 제공한다. 즉 발화된 문장의 의미론적 내용을 넘어선 추론을 하라고 주문하기 때문이다. 이 추론의 결과가 대화함축(Implicature conversationnelle)이다.

여기에서 '말해진 것(Ce qui est dit)'와 '전달된 것(Ce qui est communiqué)'의 대조가 드러난다. 즉 의미론적 해석과 화용론적 해석의 차이가 드러나는 곳이다.

1) 양의 격률

양의 격률을 의도적으로 위반하는 경우는 다음과 같은 경우들이다.

① **동의어 반복** : Un homme est un homme. Une guerre est
une guerre.

직역하면 '남자는 남자다.'여서 아무런 새로운 정보가 없어 보이지만 화자는 '모든 남자는 마찬가지이다.'라는 함축을 전하는 것이다. '전쟁은 전쟁이다.'의 경우는 '비참, 잔인, 참혹함 등 전쟁에서는 항상 무시무시한 일들이 발생하니까 어쩔 수 없다'는 체념이 담겨있다.

② **배중율** : Georges viendra ou ne viendra pas.

이것은 물론 배중율(le tiers exclu)을 나타내지만 대화함축은 '그 녀석이 오든 안 오든 난 관심없다!' 또는 상황에 따라서 '침착해라. 걱정해도 소용없다.'로 해석된다.

③ **조건문 반복** : s'il le fait, il le fait.

여기에서의 대화함축은 '그가 하든 말든 그것은 나의 관심사가 아니다.'이다. 이밖에도 양의 격률을 위반하는 경우는 아래와 같다.

A: Où habite Max?
B: Quelque part dans le midi de la France.

여기서의 B의 대화함축은 '나는 Max가 어느 도시에서 살고 있는지 모른다.'이다.

다음의 대화를 보자.

(23) A: 지난번 재판에서 X는 어떤 판결을 받았나?

　　 B: 그는 벌금형을 받았습니다.

나중에 X가 실형을 받았음이 밝혀지고, 더욱이 B가 이런 사실을 알고 있으면서 위와 같이 말한다면, B는 양의 격률을 위배하여 A를 오도한 결과가 된다. 그는 그 상황에 필요한 모든 정보를 제공하지 않았기 때문이다.

2) 질의 격률

대화에서 질의 격률은 화자에게 다음과 같은 사항을 지킬 것을 요구한다.

- 거짓이라고 믿는 것을 말하지 말것
- 증거가 충분하지 않은 것을 말하지 말것.

은유(métaphore)는 질의 격률을 위배하는 전형적인 경우이다.

- Sophie est un bloc de glace.

위 예문을 직역하면 'Sophie는 얼음덩어리이다.'이며 이것은 은유적인 표현으로 'Sophie는 차가운 성격을 지녔다.'는 것을 의미한다.

또한 위고(Victor Hugo, 1802-1885)의 시구, '별들의 들판에서 빛나는 저 황금의 낫'은 '달 (la lune)'을 가리키는 은유이다.

- Cette faucille d'or dans le champ des étoiles. (⟨Booz endormi⟩, Victor Hugo)

위와 같이 'Sophie'와 '얼음덩어리' 그리고 '낫'과 '달'이 동일시되는 은유적 표현은 일상적으로도 시적으로도 사용이 가능하나, 그라이스의 이론에서는 질의 격률 위반에 해당한다.

3) 관계의 격률

다음 대화에서 B는 예컨대, 'Attention, il est derrière toi !'를 함축할 수도 있다.

(25) A: Le professeur de français est un con.

    B: A proprs, où pars-tu en vacances cet été?

다음은 사회적으로 통용되는 관습(Convention sociale, cf. 27)을 함축하는 대화이다.

(26) Jacques : André, va te brosser les dents?

　　André: Papa, je n'ai pas sommeil.

(27) - On se brosse les dents avant d'aller au lit.

　　- On se couche lorsqu'on a sommeil.

(28) A: Tu peux me dire l'heure?

　　B: Le facteur vient de passer.

위 문장 B의 의미론적 해석은 '조금 전에 우편 배달부가 다녀갔다.' 이나 화용론적 해석은 '현재의 정확한 시간은 모르겠으나 네가 시간을 추측할 수 있는 정보를 주겠다. 즉, 우편 배달부가 방금 다녀갔다.'가 된다.

다음 대화에서 B의 대화함축은 'Avant que tu fasses ton devoir, je t'interdis de sortir!'일 것이다.

(29) A: Sortons jouer au ballon.

　　B: Tu as fini ton devoir?

(30) A: Où est Max?

　　B: Il y a un BMW devant la maison de Suzanne.

　　(Max의 BMW의 위치로 보아 그는 Suzanne의 집에 있다)

(31) A: Je suis en panne d'essence.

B: Il y a un garage au coin de la rue.

여기에서 대화함축은 '주유소가 열려있고, 연료를 공급받을 수 있다.'이다.

4) 양태의 격률

그라이스의 4가지 격률 중 이 격률이 아마도 제일 지키기 어려운 격률일 것 같다. 왜냐하면 중의성 내지 다의성(polysémie)은 모든 자연 언어에 내재하는 보편적 특성이기 때문이다.

Max가 공사판의 십장이고 Georges는 신참내기 비숙련공으로서 내일부터 작업장에 나오는 상황을 가정해보자. Max가 "목공 벨트만 가져오면 됩니다." 라고 말했는데 다음날 Georges는 공구가 하나도 없는 빈 벨트만 달랑 매고 나타난다. 이때 Max가 한 말의 의미는, 기본 공구는 가져오되 동력 공구를 가져올 필요는 없다는 뜻이었다. 신참내기 Georges가 이런 이치를 알 턱이 없다. 모든 오해는 남녀의 성별, 개인의 기질, 성장환경, 교육수준, 인생 체험에 따라 생각이 다를 수 있다는 사실을 망각하고 남도 나와 같으려니 하는 근거없는 견해에서 비롯된다. 화용론은 바로 이런 문제의식에서 출발하는 것이다.

그리고 중의성이 항상 해로운 것인가를 자문할 필요도 있다. 회사 측과 노조의 다음과 같은 협상문을 보자. '구조조정을 할 때 인위적인 인력, 조직 감축을 지양한다.' 이 문장은 양측 모두에게 명분을 주는 불가피하게 중의적인 문장이다. 노조는, '구조조정을 지양한다고 회사가 약속했다'고 발표하고, 회사측은 '불가피한 구조조정을 할 수도 있다'로 각자 해석할 수 있기 때문이다.

4.3. 울타리(Hedges)

만일 화자가 신중하다면 그는 자신이 이런 대화의 격률들을 위배할 수도 있다는 사실을 인정하고 이에 대한 대책을 마련할 것이다. '울타리'는 이런 안전장치를 의미한다.

① 〈양의 격률〉에 관한 울타리(Hedges)

- Pour parler bref/ en bref,

- Je n'entre pas dans les détails.

- Je ne veux pas vous ennuyer par les détails.

② 〈질의 격률〉에 관한 울타리

- Autant que je sache,

- Je peux me tromper, mais…

- Si je ne me trompe,

- C'est peut-être aller trop loin, mais…

- J'espère que c'est moi qui suis dans l'erreur ici.

- Sauf l'erreur de ma part,

③ 〈관계의 격률〉에 관한 울타리

- Je ne veux pas changer de sujet, mais…

- -A propos (By the way),

- Ça peut paraître la question idiote, mais….

- Je ne savais pas si c'est important, mais…

④ 〈양태의 격률〉에 관한 울타리

- Si je peux m'exprimer ainsi.

- Si j'ose dire.

- Je ne sais pas si c'est clair.

- Je ne sais pas si cela fait sens.

이런 울타리들은 화자가 대화의 격률을 인식하고 있을 뿐 아니라 지키려고 노력하고 있다는 것을 보여주는 좋은 증거가 된다.

전통적으로 언어는 정신활동의 지주로 간주되어 왔다. 소쉬르 역시 언어가 '음성에 의해 조직된 사고'를 나타낸다고 보았다. 그러나 스페르버(Dan Sperber, 1942-)와 윌슨(Deirdre Wilson)[55]에게 있어서 언어와 사고는 더 이상 등가물이 아니다. 전언은 화자의 생각의 불충분한 표상에 지나지 않아서, 청자에 의해 재구성되고 보충되어야 한다. 문제는 그러한 복원이 결코 완벽하게 이루어질 수 없다는 데에 있으니,

---

55_Sperber, D. & Wilson, D. (1989)(이 책은 1986년 「Relevance, Communication and cognition」으로 출판된 것이다. 스페르버는 인류학자이고, 윌슨은 언어학자이다.)

화자와 청자는 동일한 지식이나 동일한 경험을 공유하지 않기 때문이
다. 언어에 의한 의사소통은 이렇게 태생적으로 한계를 노출하는 것
이다.

05

적합성 이론

스페르버와 윌슨은 그라이스의 접근 방식을 비판하고, 4개의 격률을 적합성(pertinence)이라는 하나의 개념으로 통합한다. 이들은 의사소통을 코드화(encodage)나 해독(décodage)의 차원이 아니라 추론의 메커니즘으로 본다. 적합성의 정의에서 보는 것처럼 이들의 관점은 인지적(cognitif)이다.

$$
\text{적합성} = \frac{\text{효과(effets)}}{\text{비용(coûts)}}
$$

여기에서 '효과'란 진술(énoncé)의 인지적 효과, 즉 문맥적으로 추론 가능한 의미를 말하고, '비용'이란 답변하는데 걸리는 시간 내지 해석하는데 필요한 노력을 의미한다. 이처럼 적합성의 개념은 공회전이 아니라 연산적인(opératoire) 개념이다.

(32) A: 철수는 우파인가?

　　B: 그는 사회주의자들을 좋아하지 않는다.

적합성의 공식에 따라 최소한의 비용을 들여 최적의 적합성을 얻을 수 있는 해석은 '철수는 우파이다'가 될 것이다.

데살(Jean-Louis Dessales)[56]은 논문에서 다음 세 가지를 적합성의 기준으로 잡는다.

- Un élèvement qui sera considéré comme improbable par les interlocuteurs constitue une information pertinente.
- Un élèvement qui sera considéré comme paradoxal constitue une information pertinente.
- Un élèvement qui sera considéré comme désirable ou indésirable constitue une information pertinente.

이 세 가지 기준은 파문을 일으킨다는 공통점이 있지만, 이것이 적합성의 보편적인 정의에 부합되는 지는 논의의 여지가 있다.

56_Dessales, J.-L. (1996).

06

화용론의 현주소

왜 화용론이 필요한가? 그 이유는 의미론은 발화행위에 관계없이 의미가능성(signification)을 취급하지만, 화용론은 매번 변화하는 상황을 고려하여 의미(sens), 즉 화자의 의도를 파악하는 것이기 때문이다. 화용론의 핵심은, 최초의 진술은 청자가 그 진술을 취급하는 방식과 무관하게 언어 수반적 위상이 없다는 사실에 있다. 이러한 위상은 청자와 화자의 상호작용에 의해 결정되며, 원초적 의미 따위는 존재하지 않는다는 것이다. 즉 대화자들은 의미를 공동 생산한다.

Je ne comprends ce que je veux dire que lorsqu'on m'aura répondu.

중요한 것은, 화자는 청자가 자신의 진술을 어떻게 요리할지 알 수 없다는 사실이다. 진술은 의미가능성의 담지자일 뿐 무수한 가능성 중에서 청자가 어떤 것을 선택할지 미리 알 수가 없다. 그래서 화자는 대화 도중에 무엇이 튀어나올지 통제할 수 없는 것이다. 독자들은 자신의 말에 상대방이 전혀 예상하지 못한 반응을 나타내서 곤혹스러운 경험을 한 적이 있을 것이다. 말해진 것(ce qui est dit)이 반드시 전달된 것(ce qui est communiqué)과 일치하지는 않는다.

결론적으로 우리는 '대화의 엔트로피 원리'라고 우리가 명명한 원리에 도달했다.

말하는 사람은 자기의 생각 이상을 말하고, 듣는 사람은 말하는 사람의 의도를 넘어서 해석한다.

그렇다면 문제의 근본은 무엇인가? 그것은 말에 의한 모든 의사소통은 언어 외에도 비언어적 정보를 사용한다는 사실에 있다. 즉, 진술은 코드화나 해독의 차원인 문장과는 다른 차원에 있다. 화용론의 목적은 문장의 의미가능성으로부터 다양한 상황에 부합되는 진술의 의미 즉, 화자의 의도를 파악하는 데에 있다. 이것은 본질적으로 앞에 언급된 비언어적 정보에 입각한 추론 과정을 함축한다.

그래서 재구성(reformulation)의 중요성이 대두된다. 재구성이란 상대방의 말(P)을 내가 이해한 방식으로 풀어서(P') 상대방에게 확인하는 작업이다. 앞에 나온 것을 다시 한 번 복습하도록 하자.

(33a) Est-ce à dire que P'?

(33b) Cela revient à dire que P'?

이것은 어렵고 까다로운 토론이나 논의에서 반드시 고려해야 할 사항이다. 의사소통에서 '지레짐작'을 해서는 안 된다. 그것은 인간관계에서 불신의 원인이 되기 때문이다.

1. 괄호 안을 채우시오.

a. La phrase est une forme syntaxique comprenant au moins un (　　　)
conjugué.

b. L'énoncé est un phénomène lié à l'activité de langage en situation
dans un (　　　)−(　　　)−(　　　)

c. Les (　　　) sont des unités linguistiques qui renvoient à l'énoncia-
tion.

d. Austin a établi une distinction entre (　　　) et (　　　)

e. Les constatifs son liés à la condition de (　　　).

f. Tout acte de parole correspond à 3 actes : acte (　　　), acte (　　　),
et acte (　　　)

g. La (　　　) consiste à répéter ce que vous avez compris des propos
de votre interlocuteur.

h. L'énoncé initial n'a pas de statut (　　　) indépendamment de son
traitement.

i. Les acteurs de l'échange interlocutoire participent à la (   ) du sens.

j. Le locuteur ne contrôle pas ce qu'il peut advenir de ces (   ) dans la suite de l'échange.

k. Le dialogisme doit conduire à circonscrire et la gestion de la non−(   ) et la (   ) de l'échange interlocutoire.

l. Ce qui est dit est différent de ce qui est (   ).

m. Je ne comprends ce que je veux dire (   ) lorsqu'on m'(   ) répondu.

n. Le (   ) est co−construit, de façon processuelle.

o. Lorsque vous apprenez à dire la vérité, vous devez aussi discerner (   ) parler, (   ) le faire de manière édifiante, et à (   ) vous adresser.

p. Les déictiques sont des unités linguistiques qui renvoient à l'acte d'(   ).

2. 다음 오류의 명칭을 쓰시오.

a. (   ) 남들도 다 하는데 왜 나만 못하게 하니?

b. (　　　　) A : 도둑질 한 장물을 파는 것은 불법이 아닌가?

　　　　　　B : 그야, 사는 사람이 있으니까 파는 것이지요.

c. (　　　　) 도박에 반대하는 사람들은 유흥을 죄악이라고 생각한다.

d. (　　　　) 목사님이 그러시는데 핵폐기시설을 우리 고장에 들어서게 해
　　　　　　서는 안된대!

e. (　　　　) 그는 하버드 출신이니 틀림없이 훌륭할 거야!

f. (　　　　) 김씨는 진실만을 말하는 사람이다. 왜냐하면 그는 거짓말을
　　　　　　하지 않기 때문이다.

g. (　　　　) 천당의 존재는 증명되지 못했으므로 천당은 없다.

h. (　　　　) 지금까지 용궁에 들어간 사람은 없었고 거기에 들어간 사람
　　　　　　은 아무도 나오지 못했다.

i. (　　　　) 사랑은 눈물의 씨앗이다.

j. (　　　　) 너는 나를 지지하지 않았으니까 나의 적이다.

3. 대화에서 각자의 대화함축은 무엇인가?

a. (국왕이 국민과 직접 접촉하기 위해 여행 중 놀랍게도 자신과 닮은 사람을
　보고 가까이 오라고 한 후)

　　Roi: Ta mère n'a-t-elle jamais servi au palais?

Citoyen: Non, Altesse, c'etait mon père.

b. (A는 쟁쟁한 3선 의원이고, B는 A에 도전하는 젊은 수의사)

A: 이보시오, 당신은 수의사 출신이라지?
B: 그런데요, 왜요? 어디 편찮으세요?

4. 다음의 발화체에서 연동사(embrayeur)들을 찾아서 분류해 보시오.

a. Je vous jure que je ne l'ai pas vu de la journée, mais il était apparem—
ment ici ce matin même.

b. A mon avis, il n'est pas impossible que ce problème s'aggrave si l'on
ne se mobilise pas rapidement, en tout cas avant la fin de l'année en
cours.

5. 다음 문장들의 대화함축은 무엇인가?

a. Sophie est un ange.

b. Quelques étudiants ont eu une bonne note.

c. Le café m'empêche de dormir.

d. Est—ce que Jacque est bon cuisinier? Il est francais.

제9장

사회언어학 (La sociolinguistique)
사회 속에서의 프랑스어

사회언어학은 언어를 하나의 사회현상으로 보고, 사회적 맥락 속
에서 언어현상을 기술하고자 한다.

01

사회언어학의 정의와 기원

    우리는 이제까지 언어를 구성하는 다양한 단위들의 소리, 의미 그리고 구조와 기능 등의 언어 내적인 요소들에 대해서 알아보았다. 이 장에서는 인간 언어가 사회 속에서 어떠한 기능을 하는지에 관하여, 즉 사회 현상으로서의 언어의 문제를 다루고자 한다. 사회언어학은 언어를 하나의 사회 현상으로 보고, 사회적 맥락 속에서 기술하고자 한다. 지금과 같이 복잡하고 다양한 양상을 보이는 현대 사회에서는 언어 역시 화자가 속한 사회와의 관련 하에서 살펴보아야 한다. 사회언어학은 어떤 특정 이론을 통해서 생겨난 학문이 아니라 어떤 분석의 대상이 되는 공동체를 중심으로 생성된 것이며, 미디어 속의 언어, 언어와 성(genre), 세대별 언어 등, 사회 현상으로서의 그리고 사회 현상과 관련된 언어 문제는 모두 사회언어학의 관심사라 할 수 있다. 촘스키의 언어학이 인지주의적 관점에서 선천적 언어 능력을 중심으로 하는 언어습득장치에 관심을 두는 반면, 사회언어학은 행동주의적 관점에서 언어를 후천적 학습의 결과로서 파악하고 있다.

사회언어학은 1960년대 초, 소쉬르주의의 이론적 해석의 틀 속에 갇힌 구조주의 언어학에 관한 비판으로부터 탄생했다. 우리는 소쉬르를 통해서, 일반 언어학이 특수 과학 분야로서 독자성을 획득했음을 알고 있다. 하지만 일반 언어학에서는 과도한 단순화를 통해서만 이 그러한 독자성에 도달할 수 있었고, '파롤'의 영역은 심리학, 철학, 혹은 사회학으로 돌리고 (기호 체계로서의)'랑그'의 기능작용만을 연구한다. 화용론의 초기 업적들이 탄생하기 이전, 이 언어학은 실제적으로 언어를 교환하는 상황을 연구 영역에서 제외시켰다. 또한 언어학은 의미(작용)의 문제를 극도로 단순화하여 그것을 언어의 기능에 대한 설명에 종속시켰다. 고작 35년 전 까지만 해도, 언어적 요소의 기능에 관한 연구와 언어의 기능에 관한 연구를 확연히 구별해야 한다는 인식이 지배적이었다. 파롤이 아니라 랑그에 부여된, 혹은 언어 수행(performance)이 아니라 언어 능력(compétence)에 부여된 이 특성은 실제적인 발화를 고려하지 않는다는 측면에서 이상적인, 즉 실제로 존재하지 않는 화자와 청자를 만들어내기도 했다.

사회언어학은 동질적인 체계로 간주되는 '랑그'에만 관심을 가지는 단순화 지향의 구조주의의 타당성에 이견을 제시하면서, '파롤'의 영역인 다양성, 변화의 구조주의를 시작하면서 언어에 관한 새로운 시각을 제시한다.

앵글로 색슨의 전통에서 현대 사회언어학의 창시자로 간주되는 학자는 라보브(William Labov,1927-)이다. 라보브는 1966년 '뉴욕시에서 사용되는 영어의 사회적 계층 (La Stratification sociale de l'anglais à New York)'이라는 논문을 발표한 바 있다.

02

사회언어학의 기본 원칙들

사회언어학은 언어와 사회의 관계에 대한 매우 광범위한 분야이다. 그렇지만 연구의 기초가 되는 기본적인 개념들은 다음과 같다.

① 사회언어학은 언어의 내적 구조뿐만 아니라 언어 외적 요인들도 고려하여 언어를 연구한다.

② 사회언어학은 사회적 맥락에서 언어의 변화와 발전을 연구한다.

③ 사회언어학에서 다루는 언어 내적 요인들은 언어의 의미와 구조 문제이며, 언어 외적 요인들로는 경제적, 사회적, 인구통계학적 문제와 같은 것들이 있다. 이 두 종류의 요인들에 대한 접근은 서로 별개의 것으로 간주되어 분리해서 이루어지는 것이지만 사회언어학에서는 이들을 서로 상보적인 문제로 보고 있다.

03

사회언어학의 연구영역

사회언어학은 언어가 사회 속에서 보이는 변이(variations sociales)에 관심을 갖는데, 이러한 변이가 사회언어학에서 핵심적인 사항이다. 사회언어학은 나이, 성별, 사회 계층 등과 관련된 다양한 언어적 사실들에 대한 관찰에서 출발하여 가능한 한 객관적으로 이러한 변이를 기술하고 그것의 근본적인 원인을 규명하고자 한다. 이 분야는 또한 언어와 사회적 관습들(가족, 학교, 직업과 관련된) 간의 관계를 분석할 수 있게 해주는 이론적 틀을 제안하고, 언어의 사회적 기능 작용을 설명하고자 한다. 예를 들어, 노동자가 사용하는 언어는 엔지니어의 언어와는 다른 점을 보이며, 성직자와 노점상의 언어의 경우에서도 마찬가지로 차이를 보일 것이다.

뿐만 아니라, 다언어 사회 내에서 언어들 간 접촉의 문제 역시 사회언어학의 관심 영역이다. 예를 들어, 그러한 언어 간 접촉에서 빚어지는 갈등의 양상이나 다언어주의의 사회적 기능에 관해 제기되는 문제들, (피진과 크레올[57] 같은)변종 언어체계, 언어의 소멸, 언어의 다양성에 관한 정책 등이 있다. 이 장에서는 이 두 가지 관심 영역 가운데서 첫 번째 영역, 즉 언어의 사회적 변이에 관한 문제만을 다루도록 한다.

언어의 사회적 차이에 관한 분석에는 다음과 같이 크게 세 가지 접근법이 있다.[58]

① 여러 사회 계층 간의 언어 능력의 차이에 관한 연구

② 언어의 조성과 기능 작용의 과정에 있어서 사회적 차이에 관한 연구

③ 다양한 사회적 그룹 특유의 언어 사용에 관한 연구

이처럼 다양한 접근방법에서 취급하는 문제들 간에는 물론 상호 작용이 있을 것이다. 그러나 위 가운데서 세 번째 접근법만이 사회언어학의 핵심 과제에 해당하고, 나머지 두 개의 접근법은 차이 심리학(psychologie différentielle)의 영역에 더 가깝다고 볼 수 있다.

따라서 사회언어학에서는 다언어사회에 관한 연구가 활발하고, 조직된 의식적 결정에 의해 부호체계를 선택하는 언어정책에 관한 연구도 있으며, 부호체계 선택과 관련한 화자의 부호체계 전환에 관한 연구가 진행 중이다. 검퍼스(John Joseph Gumperz, 1922-)는 '상황적 전환'

57_사람들 간의 의사소통을 위해 한 언어가 공동의 언어로 사용될 때 이것을 링구아 프랑카라고 한다. 링구아 프랑카는 한 언어일 때도 있지만, 언어들의 접촉과정에서 한 언어가 간략화된 형태로 변형되어 링구아 프랑카로 사용되기도 한다. 이것을 피진(pidgin)이라고 한다. 이 피진이 하나의 모국어로 기능할 때 이것을 크레올(creole)이라고 한다(강범모 2010:327-328).

58_Espéret, E. (1987) 참조

과 '은유적 전환'을 구별할 것을 제안했는데 은유적 전환은 같은 상황에서 새 부호체계와 연관된 사회·문화적 연상을 불러일으키기 위한 것이다. 이 분야에서는 권력과 유대가 중요한 요인인 것으로 알려져 있으며 언어 정책과 부호체계 전환 및 '언어의 병용(diglossie) 현상'에서 중요하게 작용하는 것으로 여겨진다.[59]

　　담화 분석이 발전함에 따라 상호작용 언어를 연구하는 상호작용 사회언어학이 형성되었고, 대표적인 학자로는 체면요건을 분석한 고프먼(Erving Goffman, 1922-1982), 소통의 규칙을 주장한 레이코프(Robin Tolmach Lakoff, 1942-) 등이 있다. 이 분야는 어휘의미론에도 영향을 미쳤다. 검퍼스는 대화 참여자들이 추론을 통해 이야기의 의미를 파악하고, 예측한다고 주장하였다. 상호작용의 사회언어학은 언어적 상호작용으로 관심을 돌리면서 언어에서 대화의 기본 단위는 문장이 아니고 발화 즉 억양단위임을 밝혔다.

59_브리태니커 http://www.britannica.co.kr

04

사회언어학의 연구방법

사회언어학적 연구는 일반적으로 연관되는 언어의 화자들의 표본 집단에 대한 인터뷰를 통해서 이루어진다. 라보브에 따르면 그러한 인터뷰는 다음과 같은 변수들에 중점을 두고 이루어져야 한다.

① 높은 사용빈도를 가져야 한다.

② 의식적인 통제에 대한 면역력을 가져야 한다.

③ 더 상위의 구조에 속해야 한다.

④ 선형 층위구조로 쉽게 표시할 수 있어야 한다.

일반적으로, 가장 용이하게 이러한 조건들을 만족시키는 것은 음성학적 변수들인데, 문법적 변수들도 마찬가지로 사용되며 드물게는 어휘적 변수들까지도 사용될 수 있다.

이 외에도 사회언어학에서 고려해야 할 중요한 요인으로는 사회적 조직망(réseaux sociaux)이 있다. 사회언어학적 연구는 이 사회적 조직망에 대한 이해를 필요로 한다. 언어 역시 사회적 조직망에 속해 있는 문제이기 때문이다. 이것은 거시적 차원에서 한 국가 혹은 도시에 적용되기도 하고, 이웃이나 한 가족과 같은 개인 간의 차원에 적용되기도 한다.

05

언어적 변이의 근원

한 언어공동체의 구성원들은 서로 이해 가능한 같은 언어를 사용하지만, 연령, 성별, 신분 등 다양한 환경 속에서 살아가는 사람들의 언어사용이 정말로 동일할 수는 없다. 이러한 것을 언어변이 혹은 방언(dialecte)이라 한다. 사회적 신분에 따른 언어변이를 사회방언으로, 지역적 차이에 의한 언어변이를 지역방언으로 일컫는데 방언이라는 용어는 흔히 후자의 의미로 많이 사용되고 있다.

사회언어학적 연구에서는 다루는 주제에 따라, 광범위한 사회적 구성요소들을 고려하게 된다. 가장 많이 다루어지는 요소들로는 연령, 성별, 사회적 계층이나 민족이다. 구체적으로 다음과 같은 사회적 요소들이 사회방언에 대한 연구 시에 고려되는 것들이다.

아동 및 청소년 언어

노인 언어

여성과 남성의 언어

학생들의 언어

견습생(apprentis)의 언어

학위를 가진 사람들의 언어

노동자의 언어

특정 직업을 가진 사람들의 언어

정치적 언어

사회언어학에서 위와 같은 사회적 변이들이 고려될 때는 적어도 출신 지역, 연령, 성별, 사회계층, 언어 사용 맥락의 다섯 가지 사항이 변이의 원인으로 작용한다고 본다. 언어 공동체에 따른 언어 사용의 고유한 방식을 관찰하면 이 다섯 가지 변이의 근원을 규명할 수 있게 된다.

5.1. 출신 지역

출신 지역(origine géographique, 도시 혹은 시골 지역)은 분화의 요인으로서는 쉽게 파악이 가능하고 자칫 진부한 소재로 여겨질 수도 있는 요인이다. 화자가 어느 지역 출신인지는 특정 표현들의 발음(ex. auto, manger, poulet), 사용하는 단어들(ex. savoir/pouvoir, "Je ne sais plus marcher", "on ne sait pas savoir si le chômage va diminuer", souper, bonsoir, loque, farde)과 문법 구조들(ex. "Le Beaujolais, j'aime ça" 대신에 "Le Beaujolais, j'y aime"을 쓰는 것), 특정 억양들을 통해 알 수 있다.

5.2. 연령

언어 사용자들이 어떤 세대에 속하는가 하는 연령(âge)은 다양성의
한 요인이 된다. 다수의 공시태(synchronie)들이 공존하는 것인데 예를
들어 다음과 같은 '젊은 세대가 사용하는 프랑스어'(특히 도시 젊은이들의
프랑스어)가 있다.

① **단축법(la troncation)** – 젊은 프랑스어 화자들은 어말음 탈락(apocope)
이나 어두음 탈락(aphérèse)을 자주 사용한다. (ex. deg 〉 dégueulasse,
prof 〉 professeur ; leur 〉 controleur, zic 〉 music)

② **음절 뒤집기(verlan)** – 이 현상 역시 젊은이들 사이에서 빈번하게 사용
된다. (ex. keum 〉 mec, reum 〉 mère, féca 〉 café)

③ **젊은이들은 특정 접미사를 사용하는 것을 즐긴다.** (ex. les musicos,
혹은 zicos)

④ **은어적 의미를 지닌 신어(néologisme)** – 은유적으로 쓰인 일부 신어
에서는 자극적인 의미의 표현이 사용된다. (ex. coussins gonflables 〉
poitrine)

5.3. 성별

성별(sexe)에 따라 언어사용은 차이가 있다. 많은 언어학자들이 이 점에 주목한 바 있는데 특히 라보브는 '여성들은 남성들보다 세련된 어투에 더욱 민감하여, 고상한 화법에서는 그릇된 것으로 간주되는 점잖지 못한 표현을 남성들보다 덜 사용한다'는 점을 관찰하였다. 실제로, 라보브는 남녀 간 언어사용에 일종의 역설이 존재하는 것에 주목한다. 여성들은 친숙한 대화를 할 때 새로운 유행어를 사용하다가도, 격조 있는 대화에서는 금새 어투를 바꾼다는 것이다. 이후 라보브는 여성들의 이와 같은 언어적 순응성은 그들이 자녀들의 사회적 신분 상승에 있어서 막중한 책임감을 느끼고 있다는 점을 반영한다고 주장한다.

5.4. 사회계층

누가 어떤 사회·문화적 계층에 소속되어 있는가, 즉 그 사람의 사회 계층(origine sociale)이 문제인 경우 역시 사회·언어적 변이의 문제 가운데 하나이다. '통속적이고 친근한 언어'가 있고 '현학적인 언어'가 구분되는 것이 그 예이다.

① **관계사의 중복 회피**(le décumum du relatif) - 통속적 프랑스어에는 'C'est la personne dont je t'ai parlé.'라고 하는 대신에 'C'est la personne que je t'ai parlé d'elle.'이라고 말하는 경우가 있다. 이처럼 통

속적 프랑스어에서는 표준 프랑스어에서 사용되는 복합 관계대명사 (dont, lequel, auquel, duquel 처럼 두 가지 문법적 정보가 혼합된) 대신에, 두 개의 문법적 정보를 표시하는 두 가지 다른 요소를 사용하는 구조를 선호하는 경향을 보인다.

② **발음 강조(articulation emphatique)** – 비표준어에서 보이는 현상의 하나로 'Je suis allé à un collloque sur le sonnnet en Holllande avec quelques colllllègues...'처럼, 특정 음소를 강조하여 발음한다.

③ **연음을 모두 발음하기** – 연음이 가능한 경우마다 모두 발음하는 것은 화자가 철자법을 잘 알고 있으며, 따라서 상위 계층의 문화에 속해 있다는 것을 표시하기 위한 방법의 하나이다. 그런데 이와 같이 연음을 지키려고 하다가(J'en suis fort aise" 〔...fɔRtɛz〕처럼) "J'en suis bien t'aise"와 같은 오류를 범할 가능성도 있다.

④ **과잉 정정(hypercorrection fautive)** – 'Voilà la façon dont nous pen— sons que la culture doive évoluer'처럼 접속법을 써서 보다 정확하고 세련된 표현으로 고치려다가 오히려 어색한 표현을 만들게 되는 경우이다.

5.5. 언어사용맥락

언어의 실제 발화(parole) 상황에서 그 발화행위의 모든 환경(장소,
시간, 대화 상대자의 위상, 대화의 목적 등), 즉 언어사용맥락(Les contextes
d'utilisation)은 언어적 변이의 요인이 된다. 언어사용역(registre)이나
언어의 수준(niveaux du langage)이 이에 해당한다.

① **일상어와 행정어(langage usuel vs langage administratif)** – 일상어에
서는 'mort'를, 행정 용어로는 "décédé"를 쓴다. 마찬가지로, "habiter"
와 "être domicilé", "mec"과 "mari, époux, conjoint"의 경우도 일상어
와 행정적 용법이 대비된다.

② **단순 부정과 이중 부정** – 부정문에서 보통은 ne ... pas를 쓰지만(Je
ne sais pas), 일상어에서는 ne 없이 pas만으로 부정을 나타내기도 한
다(Je sais pas).

언어는 그 용법에 있어서 다양한 변이를 내포하고 있는 체계이다.
따라서 언어에 대한 사회언어학적 접근방법은 언어 공동체가 공유하
는 규범, 가치, 태도 등의 요인들과의 관련 하에서 언어 구조화를 기술
할 수 있도록 해 준다.

사회언어학은 언어의 변이 및 그 다양한 용법을 언어 공동체 내에
서, 사회적 변이와 상관하여 관찰하고 분석하는 분야이다. 그러한 변
이들과 용법들은 이 언어공동체의 구성원들에 의하여 분명히 인지되

고 정의되며 평가된다. 한 역동적인 언어적 상황은 사회언어학적 연구의 실행과 표현에 관한 면밀한 검토를 통해서만이 진정으로 평가될 수 있을 것이다.

연습문제 ──────────────── *exercices*

1. 사회언어학의 목표는 무엇인가?

2. 사회언어학적 관점에서 바라본 언어학이 촘스키의 언어학과 어떻게 다른지 설명하시오.

3. 화자의 연령, 성별, 계층 등과 연관된 사회적 신분에 따라 나타나는 사회 방언의 예를 프랑스어에서 찾아보시오.

4. 통역이나 번역에 있어서 의사소통이 어려워지는 주된 요인은 무엇인지 생각해보고 기술해 보시오.

5. 하임즈(Dell Hathaway Hymes, 1927-2009)[60]가 설정한 인간의 네 가지 의사소통 능력에 대해 자료를 찾아보고 간략히 설명해 보시오.

60_Hymes, D.-H. (1972), pp. 269-285 참조.

6. 한 사회에서 두 가지 언어 혹은 방언이 병용되는 현상을 언어의 병용 (diglossie)이라고 한다. 현대 사회에서 찾아 볼 수 있는 언어의 병용 현상을 예로 들어 보시오.

연습문제 정답

제1장 : 언어와 언어학

1

a. 랑그는 한 언어공동체 내에서 사용되는 공동의 코드이자 약속의 체계로서의 언어인 반면, 파롤은 이 약속의 체계로서의 언어가 구체적, 개별적으로 발화된 것을 말한다.

b. 공시태 : 일정 시기에 하나의 체계를 이루는 언어 사실의 총체를 가리키며, 통시태는 언어가 시간에 따라 변화하는 과정을 기술한 것이다.

c. 도상기호는 실제 지시대상과의 유사성을 바탕으로 설정된 기호이다. 예를 들면 컴퓨터 바탕 화면에 있는 프린터 형상의 아이콘은 실제 프린터는 아니지만 인쇄명령을 실행할 수 있게 해 준다. 지표기호는 지시대상과 기호의 관계가 공간적, 시간적인 인접성이나 인과관계를 바탕으로 설정된 것을 말한다. 먹구름은 곧 비가 올 것이라는 전조를 보여주는 자연지표이고, 온도계는 온도가 올라가면 눈금이 올라가는 인과관계에 근거한 인공지표이다. 상징기호는 지시대상과의 유사성이나 인과성이 없이 협약에 의해 자의적으로 만들어진 것이다.

d. 음소 : 그 자체로는 의미를 가지지 않으나 의미 결정에 관여하는 최소의 소리 단위를 말한다. 마르티네의 이중분절에서 2차 분절의 단위이다.

2

마르티네에 의하면 인간의 언어는 2차에 걸쳐 분절되는 특성을 가지고 있다고 한다. 아래 문장들 역시 1차, 2차 분절의 단위로 분석될 수 있다.

– Un des escaliers est en mauvais état.

1차 분절 – 소리와 의미를 가진 최소 단위 즉, 기호소로 분절하는 것.

un / des / escaliers / est / en / mauvais / état, 이 문장은 7개의 기호소로 이루어져 있다.

2차 분절 – [œdezɛskaljee(t)ãamovɛzeta], 이 문장은 16개의 음소로 구성되어 있다.

– Les chats mangent les souris.

1차 분절 – Les / chats / mangent / les / souris, 5개의 기호소로 구성.

2차 분절 – leʃamãʒlesuRi, 11개의 음소로 구성.

$\boxed{3}$

동일한 물리적 소리가 언어마다 다른 의성어로 표현된다는 것은 언어의 자의성을 보여주는 예이다.

$\boxed{4}$

음소(phonème) 〉 기호소(형태소)(monème) 〉 단어(mot) 〉 구(syntagme) 〉　문장(phrase)

$\boxed{5}$

– 야콥슨은 언어의 의사소통 기능을 중시하였고, 20세기에 일반 언어학 이론과 더불어 발전한 의사소통의 일반적인 도식을 언어에 적용시켰다. 그 결과 발신자, 수신자, 전언(메시지), 상황, 코드(언어), 접촉의 여섯 가지 요소로 구성된 의사소통 모형을 제시하였다. 언어활동이 이루어지는 모든 경우에 상황과 발신자, 수신자 그리고 전언이 있고, 이 전언은 개별 언어에 해당하는 코드와 접촉에 의해 실현되는 것이다.

– 발신자가 수행하는 기능은 의사소통에서 언어가 담당하는 표현적 기능이다.

6

발신자 : me

수신자 : tu

7

- 추울 때 떨리는 손은 추위라는 자연적 현상과 관련되어 있고, 이 현상의 결과이므로 지표기호에 해당한다.
- 횡단보도를 표시하는 흰 줄은 그것을 횡단보도 표시로 채택한 사회의 약속이며 그 사회에서 통용되는 상징기호에 속한다.
- 승리를 나타내는 V자 모양의 손가락은 승리(victoire)의 첫 글자를 표시한 것이므로 이 글자와의 유사성을 바탕으로 한 도상기호라고 할 수 있다.

8

- tapis는 하나의 기표에 하나의 기의가 대응하는 기호이며, 이 기호 자체가 더 이상 분리할 수 없는 최소의 의미 단위인 단일 형태소(기호소)이다. 따라서 이 형태소를 이루는 일부인 ta는 독립적인 언어기호가 아니다.

9

- Le bleu de ses yeux est vraiment très bleu.

이 예문에 있는 두 개의 기호 'bleu'는 기표는 같지만 기의가 각각 다르다. 첫 번째 'bleu'는 주어 명사구의 핵어로서 '그(녀)의 눈의 푸른색'을 가리키고, 문장 맨 뒤에 나오는 'bleu'는 '푸르다'는 의미를 나타낸다.

10

인간 언어를 구성하는 체계는 연속적인 현실을 지칭하기 위해 불연속적인 기호 체계

를 사용한다는 점에서 다른 기호 체계들과 구별된다. 이러한 불연속성은 상호 결합
성과 창조성의 바탕이 되고 있다.

제2장 : 음성학

1

닫힌 모음 : [i], [y], [u]

중간 정도 닫힌 모음 : [e], [ø], [o]

중간 정도 열린 모음 : [ɛ], [œ], [ɔ]

열린 모음 : [a], [ɑ]

2

/i/, /e/, /ɛ/, /a/

3

'savant Anglais'(박식한 영국인)는 [savɑ̃tɑ̃glɛ]로 발음된다. 선행 형용사 savant과
명사 Anglais 사이에서는 연음이 일어나기 때문이다. 반면, 'savant anglais'(영국인
학자)에서는 savant 이 명사로, anglais가 형용사로 쓰였으므로 이 두 요소 간에 연음
이 일어나지 못하고 [savɑ̃ / ɑ̃glɛ]와 같이 발음해야 한다.

4

Le chat mange [ləʃamɑ̃ʒ]는 7개의 음소로 구성되어 있다.

5

[i]와 [o]는 입술의 모양과 혀의 높이와 관련된 자질에 의해서 대립된다.

[i]는 평순모음, 전설모음이고 [o]는 원순모음, 후설모음이다.

6

b. 입술의 모양(원순, 평순) d. 전설(antérieur)

7

유성자음은 발성 시에 성대가 떨리는 특성이 있다.

8

- nasale, apico-dentale, voisée[+sonore] : [n]

- occlusive, vélaire, voisée : [g]

- fricative, alvéolaire, non-voisée[-sonore] : [s]

9

- antérieure, orale, mi-ouverte, non arrondie : [ε]

- postérieure, orale, mi-fermée, arrondie : [o]

- postérieure, nasale, ouverte, non arrondie : [ã]

- antérieure, orale, fermée, arrondie : [y]

제3장 : 음운론

1

파롤

자연과학적 방법론

랑그

$\boxed{2}$

a. Les strates du sol gris :

/les–Trat–dy–sol–gRi/ CVC–CCVC–CV–CVC–CCV

b. Laissez croître des feuilles et des fruits :

/lɛ–se–kRwatR–de–fœj–ze–de–fRɥi/ CV–CV–CCSVCC–CV–CVS–CV–CV–CCSV

c. Huit stries sur le mur ocre :

/ɥis–tRi–syR–lə–my–RokR/ : SVC–CCV–CVC–CV–CV–CVCC

$\boxed{3}$

a. /t/ : +occlusive, +apico–dentale, −sonore

b. /z/ : +fricative, +alvéolaire, +sonore

c. /k/ : +occlusive, + vélaire, −sonore

d. /e/ : +antérieure, +mi–fermée, non–arrondie, +orale

e. /u/ : +postérieure, fermée, arrondie, +orale

f. /ɑ/ : +postérieure, +ouverte, non–arrondie, +orale

g. /ø/ : +antérieure, +mi–fermée, arrondie, +orale

$\boxed{4}$

pain − vin; pont

temps − sans; teint

feu − peu; fou

chant − camp; chat, chaud

jeu − peu; joue, j'ai

5

Hélène, *tranquillement* – Ce n'est pas la peine, // papa est sorti.

Agnès, sidérée – Sorti? // Mais ce n'est pas possible? //

Hélène – Il est passé par la cuisine // comme je rangeais l'armoire. //

Il a dit // qu'il allait à la poste // et qu'il attendait une lettre.

// Capucine était avec lui... //

Agnès – Une lettre! // et de qui, pour l'amour de moi ? //

Lucie – Nous ne recevons jamais de courrier. //

Marie, faisant le compte – Si, / le catalogue des fruits et légumes,

// et puis, parfois... //

6

최소대립쌍(paire minimale)이란 예를 들어 paix와 pas, pore와 pur, pot와 pou가 이루는 대립쌍으로, 이들은 모두 하나의 음소를 제외하고 나머지 음운 환경이 동일하다. 언어학자들은 최소의 대립적 소리의 단위, 즉 음소를 추출하기 위해서 최소대립쌍의 개념을 사용한다.

7

[søbɛRʒe / menseʃɛvR / pɛtRlɛRbepɛs / devɛRʒedesevɛn]

a. 위 발화체를 음절(syllabe)로 분리해 보시오.

[sø–bɛR–ʒe / mɛn–se–ʃɛvR / pɛtR–lɛR–be–pɛs / de–vɛR–ʒe–de–se–vɛn]

b. 모음 [e]와 [ɛ]의 분포를 살펴보면 모음 [e] 즉 폐모음은 모음으로 끝나는 개음절을 구성하고, [ɛ] 즉 개모음은 자음으로 끝나는 폐음절을 구성한다는 점을 관찰할 수 있다.

8

/b/와 /m/, 이 두 음소를 구별해 주는 것은 nasalité 자질이다. /b/는 [−nasal]이고, /m/는 [+nasal]이다.

9

/d/, /t/, /n/

10

- [i] : antérieure(전설), non-arrondie(평순)

- [ɔ] : postérieure(후설), arrondie(원순)

- [g] : occlusive(폐쇄음), vélaire(연구개), sonore(유성음)

- [ʒ] : fricative(마찰음). palatale(구개음), sonore(유성음)

- [l] : consonante(공명음), alvéolaire(치조음), 설측음(latérale)

11

[i]와 [u]는 소리 내어 발음해 보면 모두 폐모음인 것을 알 수 있으나, [i]는 전설모음(즉, +antérieure), 평순모음(즉, −arrondie)이고 [u]는 후설모음(즉, −antérieure)이며 원순모음(즉, +arrondie)이라는 점에서 서로 다르다.

12

답 : b

13

- choc, carré, orchestre, ticket, kermesse, cinq, quotidien, accabler, acquitter, saccharine, cueillir

a. c, cc, ck, ch, cq, k, q 대표철자는 c

b. il, ill(e), i(e), y(e), (a)y, (a)i, i(o), y(a) 대표철자는 i

c. cc, x, ct, 대표철자는 x

14

a. 다음에서 철자 'c'는 음소 /k/ 와 /s/에 대응된다. c가 a, o, u를 선행하면 /k/, i, y, e를 선행하면 /s/로 발음된다. 또한 c가 음절 끝에 오면 /k/로 발음된다.

b. 철자 'x'는 /ks/, /gz/, /s/, /z/로 발음될 때도 있고, 묵음일 때도 있다.

제4장 : 형태론

1

a. commercialisation : commerc(e)–ial–is(er)–ation

b. incapables : in–capa–bles

c. blanchisseur : blan(c)–che–iss–eur

d. fortement : fort–e–ment

e. vivions (nous vivions) : viv(re)–i–ons

2

a. /fRãsɛ–z/

b. /blõd/

c. /øRø–z/

d. /blãʃ/

e. /ʃaRmãt/

f. /spɔRti–v/

g. /bɛl/

h. /mala–d/

i. /ba-s/

3

현대적인 의미의 형태론은 단어가 의미를 가지는 최소단위가 아니라는 사실에 주목
하여 그 연구대상을 단어에서 형태소(morphème)라는 단위로 바꾸었다는 특징을 가
진다.

4

– sème, gèle appelle : 단일형태소, sem-ons, gel-ons, appel-ons ; sem-é, gel-é,
  appel-é
– 동사 semer, geler, appeler는 모두 변화형에서 두 개의 어근을 가지는데 첫 번째
  어근은 각각 sème-, gèle- appelle이고 두 번째 어근은 sem-, gel-, appel-이다.
  1인칭 복수, 2인칭 복수 변화형(nous semons, vous semez, etc.)을 제외하고 나머
  지 인칭(je sème, tu sèmes, il sème, ils sèment)에서는 첫 번째 어근에 동사 변화
  형 어미가 결합한다.

5

형태소로 분류하면 다음과 같다.

souvent / j' / ai / suppos /-é / que / tout / ét / -ait / fin / -i / pour / moi / et / je /
me / termin /-ais / de / tout /-es / mes / force / -es / anxieux / d'/ épuis / -er / d'
/ éclair / -er / quelque / situ / -ation / doulour / -eu(x) / -se

6

– 동사 se casser가 가진 두 용법을 보여주는 예로, 이 두 용법은 이 동사의 의미장
  을 구성한다고 할 수 있다.

ONU는 머리글자를 조합하여 만들어진 합성어인데 한 글자씩 [oeny]가 아니라 한 단어처럼 [ony]로 발음되므로 약자 합성어(acronyme)에 속한다.

제5장 : 어휘론

1

의미소(sémèmes) / 의소(sèmes)

2

averse : +pluie, +beaucoup, −violent, −vent, −grêle, −neige −éclair, −tonnerre

bruine : +pluie, −beaucoup, −violent, −vent, −grêle, −neige, −éclair, −tonnerre

grain : +pluie, + beaucoup, +violent, −vent, +grêle, +neige, −éclair, −tonnerre

giboulée : +pluie, +beaucoup, +violent, +vent, +grêle, +neige +éclair, +tonnerre

orage : +pluie, +beaucoup, +violent, +vent, −grêle, −neige, +éclair, +tonnerre

3

반의적인 의미를 가진 접두사 :

impatient, imprévu, invraisemblable, imprévoyant의 접두사,

반의적 의미가 없는 접두사 :

désobligeant, désabuser, innocent, infirme, inquiet, inflammable

4

"J'ai embrassé l'aube d'été." (A. Rimbaud, 〈Aube〉)

aube의 개념장 : aurore, commencement, début, crépuscule, matin

　　　의미장 : à l'aube, dès l'aube, aube de la vie

aube라는 어휘는 위와 같은 개념장, 의미장을 가진다. 위 시의 화자는 예를 들어 자신이 경험하고 느낀 인생의 시작, 즉 소년기에서 성인으로 넘어가는 과정을 이 어휘를 통해 표현하고 있다.

5

동음이의어에 의한 말장난

mari niais (어리석은 남편) – marinier [(뱃사람) marinje]

péniche (거룻배) – paix niche (둥지를 튼 평화) [peniʃ]

et ses verres (그리고 그의 유리) – est sévère [(엄격하다) esevɛʀ]

Ma mère est habile Mais ma bile est amère에서는 하나의 명사가 동일하게 발음되는, 명사와 형용사, 혹은 명사와 명사 연속체로 표현되어 있다. 이 부분에서는 ma mère와 amer, habile과 ma bile의 각운이 교차적으로 맞춰지는 것과 동시에, 한 단어를 분리하는 방식(m–a mère의 ma와 habile의 bile을 합성하여 ma bile이 형성, m–a mère의 a mère와 amer(동음어 형성)의 말장난을 사용하고 있다.

6

– se casser는 a에서는 '자신의 ~을 부러뜨리다'의 의미로, b에서는 '골치를 썩이다'의 의미로 각각 사용되었다. 즉, 이러한 차이는 같은 동사 다의어의 두 용법이라는 점에서 서로 다르다.

7

casser un jugement은 타동사 casser와 목적보어 un jugement으로 구성되었고, 이목적보어가 다른 명사구로 대체될 수도 있고(casser les prix), 다른 요소의 수식을받을 수도 있다는(casser un jugement original) 점에서 동사 관용구와는 다르다.동사 관용구는 이 두 요소 사이에 내적 결합성이 있어서 다른 요소로 대체하거나(*casser du sel) 수식어의 수식을 받는 것이(*casser du sucre canadien) 불가능하다.

제6장 : 통사론

1

a. Philippe aide Juliette.

순서를 바꾸면 Juliette aide Philippe 가 만들어지고, 주어와 목적어 기능이 바뀌게 된다.

b. Vous désirez manger.

Désirez-vous manger? 주어와 동사 순서를 바꾸면 단언문이 의문문으로 바뀐다.

c. C'est une ancienne gare.

C'est une gare ancienne. 명사와 형용사의 순서를 바꾸면 형용사 의미가 달라진다.

d. Nous pourrions tous les dégager.

Nous pourrions les dégager tous. tous의 의미가 더 이상 nous와 관련되지 않는다.

2

A.

a. Ils / composent le numéro.

b. La mère au foyer / a un sort injuste.

c. Le sort de la femme au foyer / est injuste.

d. Ceux qui travaillent dans cette société / méritent un traitement équitable.

e. De plus en plus d'adolescents / partent en vacances avec leurs copains.

f. Tout le monde /aime mieux être en vacances que travailler.

B. 주부와 술부

3

a.

– Cette petite fille a réussi l'examen.

– Cette petite fille

– a réussi l'examen

– petite fille

– a réussi

– l'examen

b.

– L'excellent fromage de la Normandie est en vente dans cette épicerie.

– L'excellent fromage de la Normandie

– L'excellent fromage

– excellent fromage

– de la Normandie

– est en vente dans cette épicerie

– est en vente

– en vente

– dans cette épicerie

– cette épicerie

4

a. Ces misérables   n'avaient rien pour se protéger de la chaleur.

        ILS   SOUFFRENT

b. L'équipe des anglais   va gagner.

        ELLE   GAGNERA

c. Les entreprises   font des profits grâce à des placements osés.

        ELLES   SPECULENT

d. beaucoup de   jeunes gens

   UN TAS DE   POMMES DE TERRE

5

Lisa veut venir라는 문장의 심층구조는, 동사의 법(mode)을 무시하면 [Lisa veut] [Lisa vient]]과 같이 나타내어질 수 있다.

a) 이 심층구조를 표면구조로 나타내기 위한 변형규칙을 만들어 보자.

(심층구조) Lisa veut + Lisa vient /

            1   2   1   3

(변형규칙1) 같은 주어가 반복되면 뒤의 주어를 지운다 : 1 + 2 + ø + 3

(변형규칙2) 시제 동사 중 조동사가 있으면 먼저 쓰고 다음에 나오는 동사는 부정법

            (infinitif)으로 바꿔쓴다. :

1 + 2 + ø + 3(infinitif)

b) 두 SN(명사구)의 차원에서, 어떤 조건 하에서 이 규칙이 작용하는가?

변형규칙 1과 2에 설명된 것처럼, 같은 주어가 반복되고, 시제 동사 중 조동사가 있

을 때 적용된다.

6

a. L'oiseau pose ses pattes sur une branche.

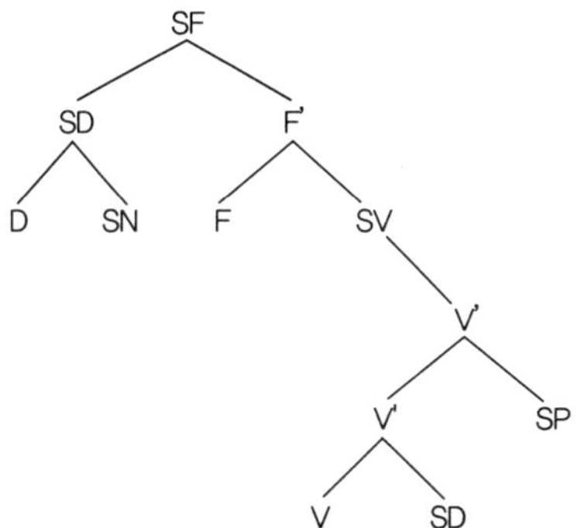

b. Le grand pianiste joue bien.

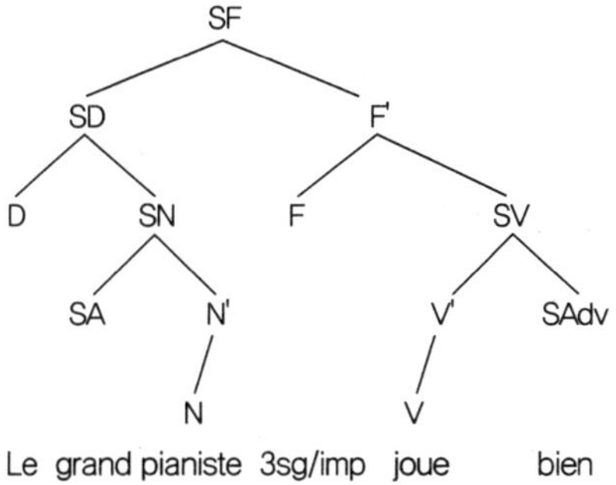

c. La fille de Sophie va à la crèche.

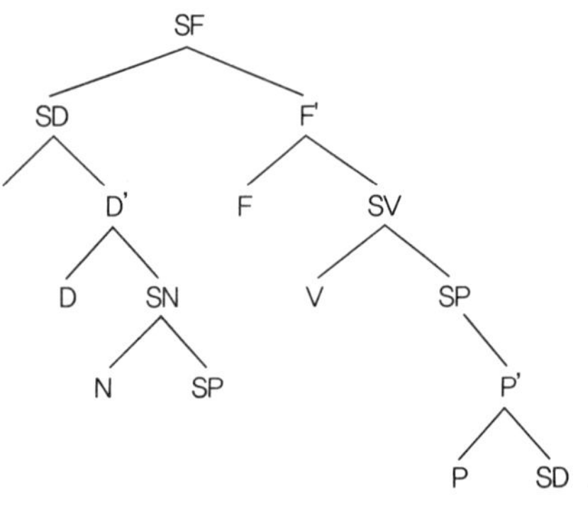

7

Paul a cassé sa pipe. 는 관계대명사화로의 변형이 불가능하고(*Sa(La) pipe que Paul a cassé), casser를 삭제하는 명사구로의 변형도 불가능하므로(*La pipe de Paul), casser sa pipe는 분석이 불가능한 관용표현이다.

8

서술동사 : Luc a pris un café. / 기능동사 : Luc a pris la décision de partir.

9

faire, effectuer, réaliser, procéder à

10

Luc a donné à Paul le conseil de partir.

11

대부분의 추상명사는 문장에서 술어 역할을 하지만 숙어표현에 쓰이는 추상명사는
제외된다. 예를 들어, avoir peur에서 명사 peur는 술어이나 avoir la berlue에서 명
사 berlue는 술어로 분석되지 않는다. 왜냐하면 후자는 분석이 불가능한 관용표현이
기 때문이다. avoir peur는 명사구로의 변형이 가능한 반면(la peur de Luc), avoir la
berlue는 명사구 변형이 불가능하다(*la berlue de Luc).

12

① S → aSa

    S → aBa

    B → bB

    B → b

② S → AA

    A → aAb

    A → ab

13

S → aSBC

S → aBC

CB → Bc

aB → ab

bB → bb

C → c

14

a. Alexandre n'est pas ennuyeux.

    ¬ ennuyeux(a)

b. Tout est sucré ou salé.

$\forall$x[sucré(x) $\lor$ salé(x)]

c. Soit tout est sucré, soit tout est salé.

[$\forall$x sucré(x) $\lor$ $\forall$x salé(x)]

d. Qui dort dîne.

　　$\forall$x[dormir(x) $\rightarrow$ dîner(x)]

e. C'est Pierre qui est quadrumane.

　　quadrumane(p)

f. Il y a des hommes qui ne sont pas unijambistes.

　　$\exists$x[homme(x) $\land$ $\neg$ unij(y)]

g. Tout le monde aime quelqu'un.

　　$\forall$x$\exists$y aimer(x, y)

ou $\forall$x[hum(x) $\rightarrow$ $\exists$y[hum(y) $\land$ aimer(x, y)]]

h. Si tous les homards sont gauchers alors Alfred aussi est gaucher.

　　$\forall$x[homard(x) ! gaucher(x)] $\rightarrow$ gaucher(a)]

i. Quelqu'un a envoyé une lettre anonyme à Anne.

　　$\exists$x[hum(x) $\land$ $\exists$y[[lettre(y) $\land$ anon(y)] $\land$ envoyer(x, y, a)]]

j. Seule Chloé est réveillée.

　　$\forall$x[réveillé(x) $\leftrightarrow$ x = c]

k. Il existe des éléphants roses.

　　$\exists$x[éléphant(x) $\land$rose(x)]

l. Quelque chose me gratouille et me chatouille.

　　$\exists$x[gratouiller(x, l)$\land$ chatouiller(x, l)] (avec l pour le locuteur)

m. Quelque chose me gratouille et quelque chose me chatouille.

　　[$\exists$x gratouiller(x, l)$\land$ $\exists$x chatouiller(x, l)]

n. Nîmes est entre Avignon et Montpellier.

　　être–entre(N,A,M)

o. S'il y a des perroquets ventriloques, alors Jacko en est un.

[∃x[perroquet(x)∧ ventriloque(x)]→ [perroquet(j) ∧ ventriloque(j)]]

p. Anne a reçu une lettre de Jean, mais elle n'a rien reçu de Pierre.

∃x[lettre(x) ∧ recevoir(a, x, j)] ∧ ¬∃y recevoir(a, y, p)

q. Tout fermier qui possède un âne est riche.

∀x[[fermier(x) ∧ ∃y[âne(y) ∧ posséder(x, y)]] → riche(x)]

r. Il y a quelqu'un qui a acheté une batterie et qui est en train d'en jouer.

∃x[humain(x) ∧ ∃y[batterie(y)∧ acheter(x, y)∧ jouer(x, y)]]

s. Il y a un seul océan.

∃x[océan(x) ∧∀y[océan(y) → y = x]]

t. Personne n'aime personne.

이 문장은 중의적이다.

① ¬∃x[humain(x) ∧∃y[humain(y) ∧ aimer(x, y)]]

또는

∀x[humain(x) ! ∀y[humain(y) → ¬ aimer(x, y)]]

또는

∀x∀y[[humain(x) ∧ humain(y)]→¬ aimer(x, y)]

이때의 의미는, '그 누구도 어떤 사람을 사랑하지 않는다.' 이다. 그러나 이 문장은 다음과 같은 번역도 가능하다.

② ¬∃x[humain(x) ∧ ¬∃y[humain(y) ∧ aimer(x, y)]]

또는

∃x[humain(x) ∧ ∀y[humain(y) → ¬ aimer(x, y)]]

또는

∀x[humain(x) ! ∃y[humain(y) ∧ aimer(x, y)]]

이때의 의미는, '모든 사람은 적어도 누군가를 사랑한다.' 이다.

주어 'Personne'를 강하게 발음한다.

제7장 : 의미론

1

1

a, c

2

	A			B	C		
	①	②	③		①	②	③
bicyclette	+	±	−	±	−	−	+
motocyclette	+	±	−	±	+	−	−
automobile	±	±	−	±	+	−	−
autobus	−	−	+	−	+	−	−
trolleybus	−	−	+	−	−	+	−
tramway	−	−	+	−	−	+	−
métro	−	−	+	−	−	+	−
train	−	−	+	±	±	±	−

3

b는 귀스타브 에펠이 에펠탑을 건축했다는 사실을 사람들이 이미 알고 있는 것을 전제하고, 에펠이 건축한 것을 강조하는 구문이기 때문에 a처럼 〈귀스타브 에펠이 에펠탑을 건축했다〉로 번역하지 않고 〈바로 귀스타브 에펠이 에펠탑을 건축했다〉로 번역해야 한다.

4

중의성 제거 행위(désambiguïsation)으로 환언행위(paraphrasage)를본 파레트에 따르면 번역문은 원문에 '최대근접'(proximisation maximale)이 되어야 한다.

5

다음의 단어들은 인간(+humain)이라는 공통적인 의미소(archisémème)을 가지지만 다른 암시(connotation)를 가진 것으로 모든 문맥에서 바꿔쓸 수 없기 때문에 환언 관계에 있다고 볼 수 없다. 사전적 정의로 다음의 단어들의 의소를 분석해보면 다음과 같다.

	sème 1	sème 2	sème 3	sème 4	sème 5	sème 6	sème 7
type	+	+	+				
individu	+		+				
personnage	+						
éphèbe	+	+	+	+	+		
godelureau	+	+	+				
zazou	+		+	+		+	
zozo	+	+	+	+		+	+

(sème 1 :[humain] / sème 2 : [sexe masculin] / sème 3 :nuance dépréciatif] sème 4 :[jeune] / sème 5 : nuance d'ironie] / sème 6 : [naïf] / sème 7 : [vulgaire])

6

기준점 : 현재(Présent,), 반과거(Imparfait) / 사선은 시상(aspect)를 나타낸다.

non accompli (미완료)

/

accompli(완료)

7

언어활동을 '전'(avant)과 '후'(après)라는 관계로 설명하는 것은 구체적인 관찰이 가능한 담화에서 표현되는 결과의 선행조건이 바로 직접적인 관찰이 불가능한 언어의 선행조건이기 때문이다. 잠재적인 언어가 실제적인 담화로 바뀌는 과정의 작용시간(temps opératif)은 과거, 현재, 미래라는 일차원적인 시간 개념에서 벗어나 시간이 구성하는 전 과정을 고려한 것이라 할 수 있다.

[8]

marcher, courir, réfléchir, écrire와 같은 동사는 시작(début)은 있지만 끝(fin)이 없는
행위(action) 동사이기 때문에 진행을 나타내는 "être en train de"와는 함께 사용될
수 없다.

[9]

(a) pendant   (b) en

　　진행상인 marcher 동사는 완료의 의미를 지니는 en une heure(한시간 만에)와
　　함께 사용될 수 없다. 또 franchir는 경계(limite)의 의미를 지니기 때문에 pendant
　　une heure(1시간 동안)과 양립불가능하다.

[10]

Thomas est encore au collège.

- C'est l'été et Thomas est encore au collège. (반복상)

- Il est 8 heures du soir et Thomas est encore au collège. (지속상)

[11]

-arbre의 상위어는 végétal, plante 등이고, 하위어로는 chêne, érable, hêtre,
 pommier, peuplier 등이 있다.

[12]

a. Cet arbre est près/loin de moi.

b. Il aime/déteste le fromage.

-위 예문(a)에서 près가 쓰인 문장과 loin이 쓰인 문장은 하나가 참이면 하나는 거짓
 이 될 수 밖에 없으므로 이 두 표현은 상보적 반의어이다. 반면, 예문(b)에서 주어
 가 가리키는 사람이 치즈를 좋아하거나 싫어하는 것은 항상 참일 수 없고, 상황에
 따라서 달라질 수 있기 때문에 aimer와 détester는 둘 다 기호를 나타내는 동사에

속하나 다른 의미를 가진 유사 반의어이다.

13

어휘 ROUTE는 다의어이며 이것의 의미들은 다음과 같다.

도로, 도로교통, 진로, 항로, 여정, 시동, 착수

이러한 의미들은 route가 가진 본래적 의미인 '길(路)'에서 출발하여, 인생의 여정, 사업의 착수, 자동차의 시동 등으로 확장된 것이며 서로 다른 어원에서 온 것으로 보기 힘들기 때문에 동음이의어가 아닌 다의어로 보아야 한다.

14

a. La guerre s'est déclenchée.

b. comme une bombe (폭탄과 같은, 위력적인) : arriver comme une bombe

   Gare la bombe! (위험해!)

   La bombe va crever. (큰 일이 일어날 것 같다.)

제8장 : 화용론

1

a. verbe

b. je, ici, maintenant

c. déictiques

d. performatif, constatif

e. vérité

f. locutoire, illocutoire, perlocutoire

g. reformulation

h. illocutoire

i. construction

j. implicites

k. littéralité, dynamique

l. communiqué

m. que, aura

n. sens

o. quand, comment, qui

p. énonciation

2

a. 대중에 호소

b. 논점일탈

c. 허수아비 공격의 오류

d. 부적합 권위에 호소

e. 분할의 오류

f. 논점선취

g. 무리에 호소

h. 자가당착(모순률)

i. 은밀한 재정의

j. 흑백논리

3

a. 왕의 대화함축은 궁정의 풍속과 전례를 따른 것이지만, 젊은이의 대화함축에는 정면으로 배치된다.

b. A의 함축은 모욕적이다. 그러나 B의 함축은 한술 더 떠서 A를 가축 취급한다.

[4]

(1) Je, vous, ici, ce matin même.

(2) mon, ce

[5]

a. Sophie est gentille.

b. Les étudiants n'ont pas tous eu une bonne note.

c. Je ne veux pas de café.

d. Jacques est bon cuisinier:

제9장 : 사회언어학

[1]

사회언어학의 목표는 언어를 하나의 사회현상으로서, 사회적 맥락 속에서 바라보고 기술하여 언어와 사회의 관계를 알아보는 것이다.

[2]

촘스키의 언어학이 인지주의적 관점에서 선천적 언어 능력을 중심으로 하는 언어습득장치에 관심을 두는 반면, 사회언어학은 행동주의적 관점에서 언어를 후천적 학습의 결과로서 파악하고 있다.

[3]

연령, 세대별 차이로서 프랑스의 젊은 세대는 단축법((prof)esseur), ((pro)blème...) 음절 뒤집기(keum, féca...), 속어(fric, bagnole...) 등을 즐겨 사용하는 특성이 있다. 또한 사용 계층에 따른 차이로서, 통속적 프랑스어에서는 표준 프랑스어에서 사용되는 복합 관계대명사 대신에, 두 개의 문법적 정보를 두 가지 다른 요소로 표시하는 구조를 사용하는 경향이 있다. 예를 들어 'C'est la personne dont je t'ai parlé' 를
'C'est la personne que je t'ai parlé d'elle.' 과 같이 말하기도 한다.

4

통역이나 번역에 있어서 의사소통이 어려워지는 주된 요인은 통역과 번역의 대상인
두 언어와 문화 간에 차이가 존재하기 때문이다. 두 언어에서의 어휘가 외연적 의미
와 내포적 의미의 측면에서 완전히 일치할 수는 없다.

5

하임즈(Hymes)는 의사소통 능력을 언제 말해야 하는지, 누구와 어떤 방식으로 말해
야 하는지에 대한 능력이라고 정의하였다. 따라서 하임즈의 의사소통 능력은 사회언
어학적 측면에서의 지식과 연관된다. 그는 이러한 의사소통 능력을 다음과 같이 네
가지로 구분한다.

첫째, 문법적 능력(compétence grammaticale) : 어떤 것이 형식상 가능한지 여부와
그 정도.

둘째, 사회 언어적 능력(compétence sociolinguistique) : 어떤 것이 이행수단으로 실
행 가능한지 여부와 그 정도.

셋째, 담화능력(compétence de discours) : 사용되고 평가되는 맥락과 관련하여 어
떤 것이 적합한가의 여부와 그 정도.

넷째, 전략적 능력(compétence stratégique) : 어떤 것이 실제로 이행되는가, 그리고
그 실행이 무엇을 수반하는지 여부와 그 정도.

이 네 가지 능력은 각각 어휘와 의미, 사회와 문화, 논리와 맥락, 언어적 혹은 초언
어적 전략을 아는 능력을 말한다.

6

캐나다에서 영어와 프랑스어를 공용어로 사용하는 것, 아프리카의 옛 프랑스 식민지
였던 국가(들)에서 그 국가의 고유어와 프랑스어를 공용어로 사용하는 것 등이 있다.

참고문헌

강범모, 2010. 『언어』, 한국문화사. (개정 3판, 초판 2005년)

강형식, 2012. 『프랑스 언어학』, 글누리.

김경랑, 최내경. 2011. 『프랑스어 발음연습』, 학일출판사 (초판 4쇄, 2005년〔초판 1쇄〕).

김기혁, 최상진, 김진해, 방성원, 홍윤기. 2010. 『언어 이야기』, 도서출판 경진.

김종명, 1999. 「어휘문법 – 불어의 단문연구를 중심으로」, 동계학술대회, 한국불어불문
　　　학회.

나이다 유진. 2002. 『언어간 의사소통의 사회언어학』, (송태효 옮김),
　　　고려대학교 출판부 (*The Sociolinguistics of Interlingual Communication*, Les Editions
　　　du Hazard, 1996).

노윤채, 1999. 「기능동사와 서술명사에 대하여」, 동계학술대회, 한국불어불문학회.

문유찬, 1997. 『프랑스어 문법의 세계』, 어문학사.

뮤리엘 사빌 트로이케, 2009. 『언어와 사회–의사소통의 민속지학 입문』, (왕한석,
　　　백경숙, 이진성, 김혜숙 옮김), 한국문화사.

박동열, 2005. 「시제교육과 정신역학이론의 시제체계」, 『프랑스어문교육』 제 20집,
　　　한국프랑스어문교육학회, pp. 37-59.

박시현, 2006. 『언어학 입문』, 한국외국어대학교 출판부.

박정섭, 2010. 「프랑스어 분열구문, 'C'est X qu–…'의 정보구조와 한국어 번역」,
　　　『프랑스어문교육』, 제 35집, 프랑스어문교육학회, pp. 185-210.

서정목, 1998. 『문법의 모형과 핵 계층 이론』, 태학사 (초판 1쇄).

송도규, 1997. 『인지언어학과 자연언어 자동처리』, 홍릉과학출판사.

송완용, 1996. 『언어학 기초이론』, 신아사.

스콧 부르제, 2011. 『프랑스어학의 이해』, (허진 옮김), 신아사.

심봉섭, 1997. 「프랑스어 어휘교육의 필요성에 대한 소고」, 『불어불문학연구』 35권 2호,

한국불어불문학회, pp. 577-593.

윤석만, 2006. 「자연언어 자동처리를 위한 언어이론모델 연구: J.-P. Desclés의 '적용 인지문법'」, 「언어와 언어학」, 제38집, 한국외국어대학교 언어연구소, pp. 35-57.

윤애선, 1992. 「자연언어 처리를 위한 어휘 의미 표현」, 「불어불문학연구」, 27권, 한국 불어불문학회, pp. 317-330.

이선경, 2001. 「양상 modalité에 관하여」, 「한국프랑스학논집」, 21권, 한국프랑스학회, pp. 273-294.

이성헌, 2001. 「서술명사 기술을 위한 대상부류 개념의 활용 – 불어 사건명사의 예」, 「프랑스어문교육」, 제 12집, 한국프랑스어문교육학회, pp. 129-149.

이정 외, 1992. 「불어학 개론」, 과학사.

이정민, 배영남, 김용석, 2000. 「언어학사전」, 박영사 (3판 개정증보판).

장승일, 2004. 「시간 논항과 다중 지정어 : 한국어의 시제와 상, 8」, 「프랑스어문교육」, 제 18집, 한국프랑스어문교육학회, pp. 265-293.

전성기, 1996. 「메타언어, 언어학, 메타언어학」, 고려대학교 출판부.

정계섭, 1995. 「문화와 기호/기호학의 현단계 : 자연언어의 창조성」, 「기호학연구」, 1권, 한국기호학회, pp. 134-151.

정계섭, 1996. 「루이스 캐롤의 '넌센스' 의 문제」, 「불어불문학연구」, 32권, 한국불어불문 학회, pp. 891-907.

정계섭, 2000. 「Caractère linguistique de la philosophie analytique」, 「불어불문학연구」, 42권, 한국불어불문학회, pp.323-347.

정계섭, 2011. 「힐버트 프로그램과 언어학의 형식화」, 「불어불문학연구」, 86권, 한국불어 불문학회, pp. 425-451. 여름호.

정계섭, 2007. 「명석, 판명된 정신, 논리와 수학」, 교우사.

정계섭, 2012. 「원조 프로파일러 명탐정 홈즈의 추리 – 통학문적 접근」. 교우사.

정계섭, 2012.「선형논리의 통사론」, 「한국수학사학회지」, 제25권, 한국수학사학회, pp. 29-39.

질 시우피 & 단 반 람돈크. 1999. 「언어학 이해를 위한 주제 100선」, (이선경, 황원미 옮김) 동문선.

홍재성, 2012. 「프랑스어학의 이해」, 한국방송통신대학교 출판부.

홍종화, 2006. 「의사소통과 논증」, 「한국프랑스학논집」, 37권, 한국프랑스학회,

pp. 395-411.

황경자, 1992. 「소쉬르 언어학 이론체계에서의 유추에 관한 연구」, 「한국문화연구원논
　　총」, 61-1, 이화여자대학교 출판부, pp. 199-217.

Apothéloz, D. 2007. "La préfixation en RE-, l'antonymie directionnelle et les
　　phénomènes de polarité sémantique", *French Language Studies,* n°17,
　　Cambridge University Press, pp. 143-158.

Bar-Hillel, Gaifm & Shamir. 1963. "On categorial and phrase-structure
　　grammars", *Bulletin of the research council of Israel,* N. 9.

Bar-Hillel, Y. 1964. *Language and information,* Adison Westley.

Boons, J.-P. & Guillet, A. et Leclère, C. 1976. *La structure des phrases simples
　　en français : constructions intransitives,* Genève : Droz.

Bruxelles, S. Grangette, C. Guinamard, I. Van Der Veen, L. *Linguistique Française 1,
　　langue orale, langue écrite - Documents et exercices,* Université Lyon 2
　　(2012/12/18 인쇄).

Chomsky, N. 1956. "Three models for the description of language", *IRE
　　Transactions on Information Theory,* vol. IT-2, no. 3, pp. 113 - 124.

Chomsky, N. 1957. *Syntactic Structures,* Mouton de Gruyter.

Chomsky, N. 1965. *Aspects of the Theory of Syntax,* Cambridge, MA:MIT Press.

Chomsky, N. 1981. *Lectures on Government and Binding,* Foris.

Chomsky, N. 1995. *The Minimalist Program,* Cambridge, Mass.: The MIT Press.

Creissels, D. 2004. *Cours de syntaxe générale,* chapitre 20 (ms. non-publié),
　　pp. 1-16.

Danlos, L. 1980. *Représentation d'informations linguistiques : constructions N être
　　Prep X,* Thèse de 3ème cycle, Université Paris VII, Paris.

Danlos, L. *Linguistique informatique* (ms. non-publié, 인쇄일 : 2011-03-03).

Dessales, J.-L. 1996. "Pourquoi est-on, ou n'est-on pas, pertinent ?",*Communication
　　et langages* 107, pp. 69-80.

Eluerd, R. 1993. *Pour aborder la linguistique,* Paris : Editions ESF (7e édition).

Espéret, E. 1987. "Aspects sociaux de la psychologie du langage", Rondal J.-A.
　　et Thibaut J.-P. (éd), *Problèmes de psycholinguistique,* Bruxelles, Mardaga, pp.

327-389.

Foucault, M. 1966. *Les mots et les choses,* Paris : Gallimard.

Fuchs, C. 1986. "De quelques approches linguistiques du phénomènes de la paraphrase", *Le français Moderne,* 48-2.

Gardes-Tamine J. 1998. *La grammaire. Lexicologie. Méthode et exercices corrigés.* Paris : Armand Colin.

Gardes-Tamine, J. 2008. *La Grammaire 2 – Syntaxe,* Armand Colin.

Germain, C. & LeBlanc, R. 1982. *Introduction à la linguistique générale, vol. 1: La phonétique.* Les Presses Universitaires de Montréal.

Germain, C. & LeBlanc, R. 1982. *Introduction à la linguistique générale, vol. 2: La phonologie,* Les Presses Universitaires de Montréal.

Germain, C. & LeBlanc, R. 1982. *Introduction à la linguistique générale, vol. 3: La morphologie,* Les Presses Universitaires de Montréal.

Germain, C. LeBlanc, R. 1982. *Introduction à la linguistique générale, vol. 4: La syntaxe.* Les Presses Universitaires de Montréal.

Germain, C. & LeBlanc, R. 1982. *Introduction à la linguistique générale, vol. 5: La sémantique,* Les presses de l'Université de Montréal.

Giry-Schneider, J. 1987. *Les prédicats nominaux en français. Les phrases simples à verbe support*, Genève, Droz.

Giry-Schneider, J. 1988. "L'interprétation événementielle des phrases en il y a", *Linguisticae Investigationes*, XII:1, John Benjamins, B.V., Amsterdam, pp. 85-100.

Grice, H. P. 1975. "Logic and conversation" in P. Cole & J. L. Morgan (éds.) *Syntax and Semantics. vol. 3,* New York : Academic Press, pp. 41-58.

Gross, G. & Vivès, R. 1986. "Les constructions nominales et l'élaboration d'un lexique-grammaire", *Langue française,* n° 69, Paris : Larousse.

Gross, G. 1989. *Les constructions converses du français,* Genève/Paris, Droz.

Gross, M. 1975. *Méthode en syntaxe,* Paris : Hermann.

Gross, M. 1981. "Les base empiriques de la notion de prédicat sémantique", *Langages,* n° 63, Paris : Larousse, pp. 7-52.

Gross, M. 1983. "Syntaxe et localisation de l'information", *Information et Communication*, Séminaires interdisciplinaires du Collège de France réalisés avec la collaboration de l'Institut collégial européen et de l'I.S.M.E.A, Paris : Maloine, pp. 85–109.

Gross, M. 1990. "La caractérisation des adverbes dans un lexique–grammaire", *Langue Francaise,* n° 86, Paris, Larousse, pp. 90–102.

Guillaume, G. 1965. *Temps et aspect*, Paris : Champion (1ère édition, 1929).

Guillaume, G. 1971. : *Leçons de linguistique de Gustave Guillaume 1948–1949,* Série A, Structure sémiologique et structure psychique de la langue française I, Presses de l'Université Laval–Klinchsieck.

Guillaume, G. 1974. : *Leçons de linguistique de Gustave Guillaume 1949–1950,* Série A, Structure sémiologique et structure psychique de la langue française II, Presses de l'Université Laval–Klincksieck.

Guillet, A. et Leclère, C. 1992. *La structure des phrases simples en français : 2. Les constructions transitives locatives,* Genève, Droz.

Harris, Z. 1968. *Mathematical structures of language*, John Wiley, New York.

Harris, Z. 1976. *Notes du cours de syntaxe,* Paris, Seuil.

Hymes, D.–H. 1972. "On Communicative Competence" In J.B. Pride and J. Holmes (eds), *Sociolinguistics. Selected Readings.*, pp. 269–285. Harmondsworth: Penguin.

Imbs, P. 1960. *L'emploi des temps verbaux en français moderne*, Paris, Klincksieck.

Jespersen, O. 1971. *La philosophie de la grammaire, tr.* par Anne–Marie Lonard, Paris, Minuit.

Labelle, J. 1974. *Études de constructions avec l'opérateur AVOIR (nominalisations et extensions)*, Thèse de 3e cycle, L.A.D.L., Université de Paris VIII.

Lambek, J. 1958. "The mathematics of sentence structure", *American Mathematical Monthly* 65, pp.154–165.

Lees, R.B. 1960/1968. *The Grammar of English Nominalizations,* Bloomington: Indiana University, The Hague, Mouton.

Lyons, J. 1978. *Eléments de sémantique*, Paris : Larousse.

Meunier, A. 1981. *Grammaires du français et modalités. Matériaux pour une nébuleuse*, DRLAV, 25, Université de Paris VIII, Paris.

Moeschler J. & Auchlin A. 2009. *Introduction à la linguistique contemporaine*, Paris: Armand Colin (Cursus), 3e édition.

Monneret, P. 1999. *Exercices de linguistique*, Paris : Presses Universitaires de France.

Mounin, G. 1971. Clef pour la linguistique, Paris : Seghers.

Monin, G. 1997. La sémantique, Paris, Payot.

Parret, H. 1988. "Vers une théorie énonciative de la paraphrase", *Modèles lingustiques,* vol. 19.

Polguère, A. 2000, 2001, 2002. *Notion de base en lexicologie* (version préliminaire septembre 2002, pour LNG 1080), Observatoire de Linguistique Sens–Texte (OLST) Département de Linguistique et traduction, Université de Montréal (2012/12/18 인쇄).

Pottier, B. 1985. *Linguistique générale* ; théorie et description, Paris, Klincksieck.

Queneau, R. 1981. *Exercices de style,* Paris : Gallimard.

Quine, W. 1960. *Word and object*, The MIT Press.

Reboul, A. & Moeschler, J. 1998. *La pragmatique aujourd'hui. Une nouvelle science de la communication,* Paris : Editions du Seuil.

Reboul, A. & Moeschler, J. 1998. *Pragmatique du discours. De l'interprétation de l'énoncé à l'interprétation du discours,* Paris : Armand Colin.

Robert, J.-P. 2008. *Dictionnaire pratique de didactique du FLE,* Ophrys.

Saussure, F. 1916. *Cours de Linguistique générale,* édition 1979, Payot, Paris.

Schwischay, B. 2002. *Syntaxe du français* (ms. non–publié, dernière mise à jour : 03–02–2002).

Siouffi, G. & Van Raemdonck, D. 1999. *100 fiches pour comprendre la linguistique,* Paris : Bréal.

Tait, W. 1981. "Finitism", *Journal of philosophy*, 78, pp. 524–546.

Tellier, I. 2011. *Introduction au TALN et à l'ingénierie linguistique* (ms. non–publié, 인쇄일 : 30–03–2012), L'Université de Lille 3.

Véronis, J. *Informatique et linguistique* 1, 1999–2001 강의록, Centre Informatique
   pour les lettres et les sciences humaines, l'Université de Provence.

Vet, C. 1980. *Temps, aspects et adverbes de temps en français contemporain,*
   Genève, Droz.

Vivès, R. 1983. *Avoir, prendre, perdre : constructions à verbe support et extensions
   aspectuelles,* Thèse de doctorat, Université Paris VIII, Paris.

Vivès, R. 1984. "L'aspect dans les constructions nominales prédicatives : *avoir,
   prendre,* verbe support et extensions aspectuelles", *Linguisticae Investigationes,*
   VIII:1, John Benjamins, B.V., Amsterdam. pp. 161–185.

Vivès, R. 1993. "La prédication nominale et l'analyse par verbe support", *Information
   grammaticale,* n° 59, Paris, pp. 8–15.

네이버 지식사전 – http://kin.naver.com/index.nhn

http://blog.daum.net/kp180/2374492.

http://www.code.ucl.ac.be/mh/PSP1125-Partie4bis.pdf(SP1125 – Sciences du
   langage, chapitre 9 – la sociolinguistique)

http://www.etudes-litteraires.com/lexicographie.php#ixzz21iGKkWwK

http://fr.wikipedia.org/wiki/Lexique-grammaire

fr.wikipedia.org/wiki/Sociolinguistique(imprimé le 3 août, 2012)

http://www.britannica.co.kr/

찾아보기

프랑스어학 개론

초판 1쇄 발행일 2013년 2월 25일

지은이 정계섭·김이정·전재연·최내경
펴낸이 박영희
편집 이은혜·유태선·정지선·김미령
인쇄·제본 태광인쇄
펴낸곳 도서출판 어문학사
　　　서울특별시 도봉구 쌍문동 523-21 나너울 카운티 1층
　　　대표전화: 02-998-0094/ 편집부1: 02-998-2267, 편집부2: 02-998-2269
　　　홈페이지: www.amhbook.com
　　　트위터: @with_amhbook
　　　블로그: 네이버 http://blog.naver.com/amhbook
　　　　　　　다음 http://blog.daum.net/amhbook
　　　e-mail: am@amhbook.com
　　　등록: 2004년 4월 6일 제7-276호

ISBN 978-89-6184-293-8 93760
정가 15,000원

이 도서의 국립중앙도서관 출판시도서목록(CIP)은 e-CIP홈페이지(http://www.nl.go.kr/ecip)와
국가자료공동목록시스템(http://www.nl.go.kr/kolisnet)에서 이용하실 수 있습니다.
(CIP제어번호: CIP2013000501)